イッキに攻略！

判断推理
数的推理

一問一答

公務員試験予備校EYE 編著

高橋書店

本書の特長と使い方

本書は、例題で解き方をチェックしたあと、練習問題で理解を深める2段階構成です。すでに理解した分野は練習問題だけ解くなど、習得度に応じて活用できます。コンパクトでありながら、覚えるべきポイントが網羅されており、またコンパクトであるがゆえに反復学習が可能となり、効率よく知識の定着が図れます。

頻出度マーク
最新の出題傾向を徹底分析し、頻出度を☆で3段階表示。☆の数で出やすいテーマがわかるので、短期間で効率よく学習できます。

例題
例題を解き、答えを導くまでのプロセスを確認しましょう。

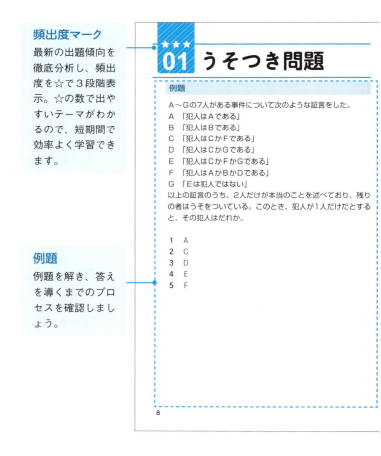

01 うそつき問題

例題

A～Gの7人がある事件について次のような証言をした。
A 「犯人はAである」
B 「犯人はBである」
C 「犯人はCかFである」
D 「犯人はCかGである」
E 「犯人はCかFかGである」
F 「犯人はAかBかDである」
G 「Eは犯人ではない」

以上の証言のうち、2人だけが本当のことを述べており、残りの者はうそをついている。このとき、犯人が1人だけだとすると、その犯人はだれか。

1 A
2 C
3 D
4 E
5 F

解法 番長式のやり方をマスターする

該当者が1人で、正直者やうそつきの人数がわかっている場合、番長式という方法が使える。
1. 該当者と発言者で縦横の表を作る
2. 発言者の発言が本当かうそか○×で記入
3. 正直者やうそつきの人数が条件に合致するものを選ぶ

解答・解説

ヒント 縦に該当者、横に発言の真偽を記入

Aが犯人だった場合、A〜Gの発言が本当かうそかを○×で記入する。
A、F、Gの3人が○だが、○の人数は2人なので不適切。
同様に、犯人がC、D、E、Fの場合を検証する。

発言者 犯人	A	B	C	D	E	F	G	○の数
A	○	×	×	×	×	○	○	3
C	×	×	○	○	○	×	○	4
D	×	×	×	×	×	○	○	2
E	×	×	×	×	×	×	○	0
F	×	×	○	×	×	○	○	3

○の数が2になるのは、犯人がDの場合。

正解 3

解法

公式や解く手順など、正解に導くポイントを解説。ここで「解法パターン」をチェックしておきましょう。

解答・解説

解法のポイントを丁寧に解説。解き方がわからなかった問題や間違えた問題は、ここをしっかり読み込んで理解しましょう。

| 目次 |

本書の特長と使い方

第1章

●判断推理

01	うそつき問題	8
02	命題・論理	18
03	順序関係	30
04	位置関係	38
05	対応表	46
06	集合	54
07	試合	62
08	空間図形	70
09	川渡り・暗号・道順	76
10	平面図形	82
11	N進法・虫食い・魔方陣	90

●数的推理

12	整数の性質	100
13	最小公倍数	114
14	年齢算・平均算	126
15	文章題	134
16	不定方程式	146
17	平均速度・通過算	152
18	流水算	164

19	旅人算・相対速度	174
20	仕事算・ニュートン算	182
21	濃度	190
22	売買算	198
23	順列・組合せ	204
24	確率	214

● 資料解釈

| 25 | 資料解釈 | 222 |
| | Column 資料解釈を速く解くコツ | 230 |

第2章

● 文章理解

01	要旨把握	232
02	内容把握	236
03	空欄補充	240
04	文章整序	244
05	英文理解	248
06	古文	252

執筆講師陣
林健一郎
鹿又賢司

編集協力
株式会社 エディポック

本文デザイン
大山真葵（ごぼうデザイン事務所）

第1章

★

判断推理
数的推理
資料解釈

01 うそつき問題

例題

A～Gの7人がある事件について次のような証言をした。

A 「犯人はAである」
B 「犯人はBである」
C 「犯人はCかFである」
D 「犯人はCかGである」
E 「犯人はCかFかGである」
F 「犯人はAかBかDである」
G 「Eは犯人ではない」

以上の証言のうち、2人だけが本当のことを述べており、残りの者はうそをついている。このとき、犯人が1人だけだとすると、その犯人はだれか。

1 A
2 C
3 D
4 E
5 F

番長式のやり方をマスターする

該当者が1人で、正直者やうそつきの人数がわかっている場合、番長式という方法が使える。
❶ 該当者と発言者で縦横の表を作る
❷ 発言者の発言が本当かうそか○×で記入
❸ 正直者やうそつきの人数が条件に合致するものを選ぶ

解答・解説

ヒント 縦に該当者、横に発言の真偽を記入

Aが犯人だった場合、A〜Gの発言が本当かうそかを○×で記入する。
A、F、Gの3人が○だが、○の人数は2人なので不適切。同様に、犯人がC、D、E、Fの場合を検証する。

発言者 犯人	A	B	C	D	E	F	G	○の数
A	○	×	×	×	×	○	○	3
C	×	×	○	○	○	×	○	4
D	×	×	×	×	×	○	○	2
E	×	×	×	×	×	×	×	0
F	×	×	○	×	○	×	○	3

○の数が2になるのは、犯人がDの場合。

正解 3

練習問題

1 A～Eの5人がある検定試験を受け、このうち1人が合格
した。結果について5人に聞いたところ、次のような返事
が返ってきた。このとき、本当のことを言っているのが1
人だけだとすると、確実にいえるのはどれか。

A　合格者はDでも私でもない。

B　合格者はCかEのどちらかである。

C　合格者はAでもBでもない。

D　合格者はAか私のどちらかである。

E　合格者はBでも私でもない。

1　Aは本当のことを言っている。

2　Bは本当のことを言っている。

3　Cは本当のことを言っている。

4　Dは本当のことを言っている。

5　Eは本当のことを言っている。

2 A～Fの6人が宝くじを買ったところ、そのうち1人だけ
が当たった。誰が当たったかについて6人は次のように述
べているが、本当のことを言っているのは1人だけである。
このとき、当たったのは誰か。

A　当たったのはC、D、Fのうち1人です。

B　当たったのはCです。

C　いいえ、Aです。

D　Aが言っていることはうそです。

E　私ではありません。

F　私が当たりました。

1　A　　　　2　B

3　C　　　　4　E

5　F

解答・解説

1 正解　1

該当者が1人、正直者の人数が1人と確定しているので、番長式を使う

発言者＼合格者	A	B	C	D	E	○の数
A	×	×	×	○	○	2
B	○	×	×	×	×	1
C	○	○	○	×	○	4
D	×	×	○	○	○	3
E	○	○	○	×	×	3

　○の数が1になるのは、合格者がBの場合である。
　よって、本当のことを言っているのはAである。

2 正解　4

該当者が1人、正直者の人数が1人と確定しているので、番長式を使う

発言者＼当たり	A	B	C	D	E	F	○の数
A	×	×	○	○	○	×	3
B	×	×	×	○	○	×	2
C	○	○	×	×	○	×	3
E	×	×	×	○	×	×	1
F	○	×	×	×	○	○	3

　○の数が1になるのは、当たったのがEの場合である。

練習問題

3 A～Eの5人の発言のうち、4人の発言内容が以下のように
　わかったが、本当のことを言ったのは2人だけで、あと
　の者はうそをついていた。このことから確実にいえるもの
　はどれか。

　A　「Dはうそをついている」
　B　「Cはうそをついている」
　D　「Bはうそをついている」
　E　「Aはうそをついている」

　1　Aはうそをついている。
　2　CとDが本当のことを言っている。
　3　Eは本当のことを言っている。
　4　AとCはうそをついている。
　5　Cはうそをついている。

4 A～Eの5人のうち、4人が次のように発言しているが、
　何人かがうそをついている。このときに確実にいえること
　はどれか。

　B　C、Dともうそつきでない。
　C　Bはうそつきでない。
　D　A、Eともにうそつきでない。
　E　Aはうそつきである。

　1　Aはうそつきでない。
　2　Bはうそつきでない。
　3　Cはうそつきである。
　4　Dはうそつきでない。
　5　Eはうそつきである。

12

解答・解説

◁)) **押さえておこう！**

グループ分けの原則

・Ａの発言が「Ｂは正直者」である場合、「ＡもＢも正直者」か「ＡもＢもうそつき」である（同じグループ）。

・Ａの発言が「Ｂはうそつき」である場合、「Ａは正直者でＢはうそつき」か「ＡはうそつきでＢは正直者」である（別グループ）。

---

③ **正解　5**

グループ分けし、グループの人数を調べる

①Ａ「Ｄうそ」からＡとＤは別グループ

②Ｅ「Ａうそ」からＡとＥは別グループ

③Ｄ「Ｂうそ」からＤとＢは別グループ

④Ｂ「Ｃうそ」からＢとＣは別グループ

A	D
B	C
	E

本当のことを言ったのは2人なので、2人グループのＡとＢが正直者。Ｃ、Ｄ、Ｅはうそをついていることになる。

---

④ **正解　3**

複数人について言及している場合はグループ分けできない

グループ分けができるのは、ＣとＥの発言である。Ｂ、Ｄは複数人について言及しているのでグループ分けは不可。

Ｃ　「Ｂ本当」からＣとＢは同じグループ　　C、B

Ｅ　「Ａうそ」からＡとＥは別グループ　　E　　　A

Ｄ　「Ａ、Ｅ本当」→ＡとＥは別グループ→Ｄのうそつき確定。

Ｂ　「Ｃ、Ｄ本当」→Ｄうそつき→Ｂのうそつき確定。

Ｂがうそつきのため、Ｃもうそつきで確定。

練習問題

5 A～Eの5人が待ち合わせをし、待ち合わせ場所への到着
順についてそれぞれ次のように言った。

A 「私が3番目で、Dさんは4番目でした」
B 「私が1番早く着き、最後はCさんでした」
C 「Bさんは3番目で、私が4番目でした」
D 「Eさんは1番目で、私が3番目でした」
E 「Aさんは2番目で、私が3番目でした」

5人の発言内容のうち、それぞれ前半または後半のどちら
かがうそであるとすれば、正しくいえるのはどれか。

1 1番目に着いたのはBである。
2 2番目に着いたのはDである。
3 3番目に着いたのはAである。
4 3番目に着いたのはBである。
5 4番目に着いたのはCである。

解答・解説

5 **正解　4**

発言の「前半本当」、「後半本当」の2ケースに場合分けする

①Aの前半が本当で、後半がうそと仮定した場合

A「A3○、D4×」からE「A2×、E3○」となるが、3番目がAとEで重複するので不適切。

②Aの前半がうそ、後半が本当と仮定した場合

A「A3×　D4○」からD「E1○　D3×」確定。
D「E1○　D3×」からB「B1×　C5○」確定。
D「E1○　D3×」からE「A2○　E3×」確定。
B「B1×　C5○」からC「B3○　C4×」確定。

A　A3×　D4○
B　B1×　C5○
C　B3○　C4×
D　E1○　D3×
E　A2○　E3×

順位は1番目がE、2番目がA、3番目がB、4番目がD、5番目がCとなる。
よって選択肢4が正しい。

判断推理

01 うそつき問題

練習問題

6 次に示すA～Eの発言のうち、2人が本当のことを言い、3人がうそをついている。このとき、本当のことを言っている2人は誰か。

A　BとCは以前から知り合いです。

B　Aの言っていることは本当です。

C　私はBと面識がありません。

D　私は誰とも面識がありません。

E　Cはうそをついています。

1　A、B

2　B、C

3　B、E

4　C、D

5　D、E

7 赤い帽子が3つ、白い帽子が2つある。この中から、本人には帽子の色がわからないようにA～Cの3人に1つずつかぶせた。3人とも帽子の色と個数の内訳は知っており、また、自分以外の2人の帽子は見えている。まず、A～Cの3人に自分の帽子の色がわかるか尋ねたところ、3人とも「わからない」と答えた。それを聞くと、AとCは「わかった」と言い、それを聞いたBも「わかった」と言った。3人の帽子の色の組合せとして妥当なのはどれか。

	A	B	C
1	赤	赤	白
2	赤	白	赤
3	赤	赤	赤
4	赤	白	白
5	白	赤	赤

解答・解説

判断推理
01 うそつき問題

6 正解 4

D以外の各人の発言をまとめる。

A「ＢＣ知」

B「ＢＣ知」

C「ＢＣ不知」

E「ＢＣ知」

A、B、Eの3人が同じ発言をしているが、本当のことを言っているのは2人しかいないので、A、B、Eはうそつきで確定する。残りのC、Dが本当のことを言っている。

7 正解 2

最初は3人全員が「わからない」と回答

A～C全員が「わからない」と答えたことから、帽子の色は「赤3つ」または「赤2つ・白1つ」のどちらかである。なぜなら、他の2人が白だったら、自分の帽子は赤だとわかる。

次に、最初の全員の回答をふまえてAとCが「わかった」と発言したことを考えていく。

Aから赤と白の帽子が見えていた場合→他の2人が「わからない」と答えているので、自分の帽子は赤だとわかる。

※Aから赤2つの帽子が見えていた場合→自分の帽子は赤の可能性も白の可能性もあるので、Aはわかったと言えない。

Cからも赤と白の帽子が見えていた場合→同じく自分の帽子は赤だとわかる。

Bからは赤2つの帽子が見えていた場合→AとCが「わかった」と発言したので自分の帽子が白だとわかる。

17

02 命題・論理

例題

次のア〜エの命題が正しいとき、確実にいえるのはどれか。
ア ヨットが好きならば釣りも好きである。
イ ダイビングが好きでない人はサーフィンが好きでない。
ウ ヨットが好きな人はサーフィンも好きである。
エ ヨットが好きでない人はカヌーも好きでない。

1 サーフィンが好きな人は釣りも好きである。
2 釣りが好きな人はダイビングが好きである。
3 ヨットが好きでない人はダイビングが好きでない。
4 カヌーが好きでない人はサーフィンも好きではない。
5 カヌーが好きな人はダイビングも好きである。

対偶と三段論法を使う

1. 論理式の作り方：「AならばB」はA→Bと表す
2. 対偶のとり方：「AならばB」の対偶は「BでないならばAでない」「A→B」の対偶は「$\overline{B}→\overline{A}$」と表す
3. 論理式のつなげ方：「A→B」「B→C」は「A→B→C」と表せる
4. 三段論法：「A→B」「B→C」が共に真であるとき、「A→C」が成り立つ

判断推理 02 命題・論理

解答・解説

ヒント 与えられた命題の対偶を考える

①命題を論理式に変換し、対偶も書く

ア ヨ→釣　対偶　$\overline{釣}→\overline{ヨ}$　　イ $\overline{ダ}→\overline{サ}$　対偶　サ→ダ
ウ ヨ→サ　対偶　$\overline{サ}→\overline{ヨ}$　　エ ヨ→カ　対偶　$\overline{カ}→\overline{ヨ}$

②論理式をつなげる

③選択肢の真偽を見る

1　サ→釣は確実にはいえない。
2　釣→ダは確実にはいえない。
3　$\overline{ヨ}→\overline{ダ}$　対偶　ダ→ヨは確実にはいえない。
4　$\overline{カ}→\overline{サ}$　対偶　サ→カは確実にはいえない。
5　カ→ダ　三段論法から確実にいえる。

正解 5

練習問題

1 ア～ウの命題が正しいとき、カ～クのうち確実にいえるのはどれか。
   ア　フランス語を話せない人は日本語を話せる。
   イ　日本語を話せない人はスペイン語を話せる。
   ウ　英語を話せる人は日本語を話せない。

   カ　英語を話せる人はスペイン語を話せる。
   キ　フランス語を話せない人は英語も話せない。
   ク　スペイン語を話せる人は日本語を話せない。

   1　カのみ
   2　カ、キ
   3　カ、ク
   4　キ、ク
   5　カ、キ、ク

2 あるクラスの生徒について次のことがわかっている。このとき、確実にいえるのはどれか。
   a　理科が得意である生徒は数学が得意である。
   b　歴史が得意である生徒は数学が得意でない。
   c　暗記が得意でない生徒は集中力がない。
   d　暗記が得意である生徒は歴史が得意である。
   e　睡眠を十分にとった生徒は集中力がある。

   1　理科が得意でない生徒は暗記が得意である。
   2　暗記が得意である生徒は数学が得意である。
   3　集中力がある生徒は数学が得意である。
   4　数学が得意である生徒は睡眠を十分にとってない。
   5　歴史が得意である生徒は集中力がある。

解答・解説

⟦1⟧ 正解　2

対偶をとって論理式をつなげる

①命題を論理式に変換する

ア　$\overline{フ}$→日　　対偶　$\overline{日}$→フ

イ　$\overline{日}$→ス　　対偶　$\overline{ス}$→日

ウ　英→$\overline{日}$　　対偶　日→$\overline{英}$

②論理式をつなげる

英→$\overline{日}$→ス
　　　↓
　　　フ

③選択肢の真偽を見る

カ　英→ス は三段論法から確実にいえる。

キ　$\overline{フ}$→$\overline{英}$　対偶　英→フ は三段論法から確実にいえる。

ク　ス→$\overline{日}$ は確実にはいえない。

以上より、確実にいえるのはカとキ。

⟦2⟧ 正解　4

対偶をとって論理式をつなげる

①命題を論理式に変換する

a　理→数　対偶　$\overline{数}$→$\overline{理}$　　b　歴→数　対偶　$\overline{数}$→$\overline{歴}$

c　暗→集　対偶　$\overline{集}$→$\overline{暗}$　　d　暗→歴　対偶　$\overline{歴}$→$\overline{暗}$

e　睡→集　対偶　$\overline{集}$→$\overline{睡}$

②論理式をつなげる

睡→集→暗→歴→数→理

③選択肢の真偽を見る

1　$\overline{理}$→暗 は確実にはいえない。

2　暗→$\overline{数}$ となり明らかに誤り。

3　集→$\overline{数}$ となり明らかに誤り。

4　数→睡　対偶　$\overline{睡}$→$\overline{数}$ は確実にいえる。

5　歴→集 は確実にはいえない。

練習問題

3 ある高校の3年生は、理系クラスと文系クラスに分かれている。A～Dが正しいとき、確実にいえるのは次のうちどれか。

A　英語が好きな生徒は、地理も好きである。
B　地理が好きな生徒は、国語が好きではない。
C　国語が好きではない生徒は、数学も好きではない。
D　理系クラスの生徒は、国語が好きではない。

1　理系クラスの生徒は、地理が好きではない。
2　数学が好きな生徒は、文系クラスである。
3　文系クラスの生徒は、地理が好きである。
4　英語が好きでない生徒は、地理も好きではない。
5　国語が好きでない生徒は、英語も好きではない。

4 あるテニス大会の出場経験者についてアンケート調査を行ったところ、ア、イのことがわかった。
ア　優勝経験者は試合前日に十分な睡眠をとっていた。
イ　家族にテニス選手がいる者は毎日練習していた。
このとき、「優勝経験者は毎日練習していた」ということが確実にいえるためには、次のうちどの条件があればよいか。

1　家族にテニス選手がいない者は試合前日に十分な睡眠をとっていなかった。
2　毎日練習した者は試合前日に十分な睡眠をとっていた。
3　試合前日に十分な睡眠をとっていなかった者は毎日練習していなかった。
4　試合前日に十分な睡眠をとっていなかった者の家族にはテニス選手がいなかった。
5　家族にテニス選手がいる者は優勝していた。

解答・解説

③ 正解　2

理系クラスと文系クラスに分かれている点に注意する

①命題を論理式に変換する

A　英→地

B　地→$\overline{国}$

C　$\overline{国}$→数

D　理系→$\overline{国}$　対偶　国→$\overline{理系}$

②論理式をつなげる

英→地→$\overline{国}$→$\overline{数}$
　　　　↑
　　　理系

③選択肢の真偽を見る

2　数→文系

対偶をとると$\overline{文系}$→$\overline{数}$、つまり理系→$\overline{数}$は確実にいえる。

---

④ 正解　1

証明問題は選択肢を当てはめて解く

ア　　優勝→睡眠

イ　　家テ→毎練

結論　優勝→毎練

選択肢1　$\overline{家テ}$→$\overline{睡眠}$　対偶をとると睡眠→家テ

優勝→睡眠→家テ→毎練とつながる。

判断推理

02 命題・論理

練習問題

5 あるグループにおけるスポーツの好みについてア〜エのことがわかっているとき、確実にいえるのはどれか。

ア　野球が好きな人はゴルフが好きである。

イ　ゴルフが好きな人はラグビーとバスケットボールの両方が好きである。

ウ　サッカーが好きな人は野球かラグビーが好きである。

エ　テニスが好きでない人はバスケットボールが好きでない。

1　野球が好きな人はテニスが好きである。

2　テニスが好きな人はゴルフが好きである。

3　ラグビーが好きな人はサッカーが好きである。

4　ゴルフが好きでない人はサッカーが好きでない。

5　バスケットボールが好きでない人はテニスが好きでない。

解答・解説

5 正解 1

A→B∧CはA→B、A→Cに分割できる

①命題を論理式に変換する
　ア　野→ゴ
　イ　ゴ→ラ∧バ　分割　ゴ→ラ、ゴ→バ
　ウ　サ→野∨ラ
　エ　テ̄→バ̄　対偶　バ→テ

②ア、イ、エをつなげる
　野→ゴ→ラ
　　　↓
　　　バ→テ

選択肢1　野→テは三段論法から確実にいえる。

押さえておこう！

「かつ」と「または」

1　AかつBは、A∧Bと表す（図1）。
2　AまたはBは、A∨Bと表す（図2）。

図1　　　　　　　　図2

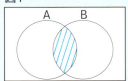
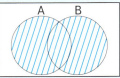

分割可能な2つのケース

1　前に「または」で分割できる
　　A∨B→CはA→C、B→Cと分割できる。
2　後ろに「かつ」で分割できる
　　A→B∧CはA→B、A→Cと分割できる。
「前または後ろかつ分割可」と覚えよう。

練習問題

6 あるクラスで参考書の所有状況を調べたところ、ア、イの
ことがわかった。
  ア　Aを持っていない者は、Bを持っている。
  イ　Bを持っていない者は、Cを持っている。
  このとき、確実にいえることは次のうちどれか。

  1　Aを持っている者は、Bを持っていない。
  2　Aを持っている者は、Cを持っている。
  3　Bを持っている者は、Cを持っていない。
  4　Bを持っていない者は、AもCも持っている。
  5　Cを持っている者は、Bを持っていない。

7 次のA〜Dがわかっているとき、確実にいえるのはどれか。
  A　ダイヤモンドは硬い石である。
  B　ダイヤモンドは値段が高い。
  C　ダイヤモンドは炭素から成る。
  D　燃えないものは炭素ではない。

  1　炭素から成る値段の高い石は硬い。
  2　燃える石は炭素から成る。
  3　ダイヤモンドは燃える。
  4　値段が高くかつ燃える石はダイヤモンドである。
  5　硬くてかつ燃える石はダイヤモンドである。

解答・解説

6 正解　4

分割できる選択肢は分割する

ア　$\overline{A}\to B$　対偶　$\overline{B}\to A$　ア'

イ　$\overline{B}\to C$　対偶　$\overline{C}\to B$　イ'

アとイをつなげると、

$\overline{A}\to B$
$\overline{C}\nearrow$

ア'とイをつなげると、

$\overline{B}\to A$
　　$\searrow C$

4　$\overline{B}\to A\land C$　分割すると$\overline{B}\to A$、$\overline{B}\to C$は確実にいえる。

7 正解　3

「前または」「後ろかつ」の選択肢を探す

A　ダイヤ→硬い

B　ダイヤ→高い

C　ダイヤ→炭素

D　$\overline{燃える}\to\overline{炭素}$　対偶　炭素→燃える

つなげると、

　硬い
　↑
ダイヤ→高い
　↓
　炭素→燃える

1　炭素∧高い→硬い　分割できないので判別不能。

2　燃える→炭素は確実にはいえない。

3　ダイヤ→燃えるは確実にいえる。

4　高い∧燃える→ダイヤ　分割できないため判別不能。

5　硬い∧燃える→ダイヤ　分割できないため判別不能。

練習問題

8 ある資格試験の合格者はPかQの講座を受講した。このときア〜ウのうち確実にいえるものはどれか。

ア　P、Q2種類とも受講した学生はその資格試験に合格した。

イ　P、Q2種類とも受講しなかった学生はその資格試験に不合格だった。

ウ　資格試験に不合格だった学生はP、Qのうち、少なくとも一方は受講しなかった。

1　ア
2　イ
3　ウ
4　ア、イ
5　イ、ウ

9 AとBの命題からCが導かれる場合、Bの命題として、最も適切なのはどれか。

A「散歩が好きな人は山または海が好きである。」
B「[　　　　　　　　　　　　　　　]」
C「散歩が好きな人はゲームが好きではない。」

1　ゲームが好きな人は山と海が好きである。
2　ゲームが好きではない人は山または海が好きである。
3　ゲームが好きな人は山と海が好きではない。
4　ゲームが好きな人は山または海が好きである。
5　ゲームが好きではない人は山と海が好きではない。

解答・解説

8 正解　2

命題が1つの場合には、対偶が答えになる

　合格→P∨Qの対偶をとると$\overline{P\vee Q}$→合格になる。
　ド・モルガンの定理により、$\overline{P}\wedge\overline{Q}$→合格。
　ア～ウのうち、主語が$\overline{P}\wedge\overline{Q}$なのはイのみ。
　イは$\overline{P}\wedge\overline{Q}$→$\overline{合格}$となり、確実にいえる。

🔊 **押さえておこう！**

ド・モルガンの定理

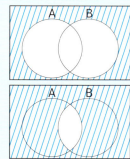

$\overline{A\vee B}=\overline{A}\wedge\overline{B}$

$\overline{A\wedge B}=\overline{A}\vee\overline{B}$

9 正解　3

2つの命題を組み合わせて別の命題を作る問題

①AとBの命題を論理式に変換する
　A　散（a）→山∨海（b）
　C　散（a）→$\overline{ゲ}$（c）

②a→b、b→cという命題からa→cが導き出される
　Bの命題はb→cである。
　bは山∨海、cは$\overline{ゲ}$なので、B　山∨海→$\overline{ゲ}$となる。
　対偶をとるとゲ→$\overline{山\vee 海}$
　ド・モルガンの定理からゲ→$\overline{山}\wedge\overline{海}$となる。
　選択肢3が対偶と合致する。

03 順序関係

例題

あるコンビニにはA〜Gの7人の従業員がいる。先週の日〜土曜の勤務状況についてア〜オのことがわかっているとき、Gの前日に残業を行ったのは誰か。

ア　毎日1人ずつで全員が残業1時間を行った。

イ　Dは日曜以外、Eは金曜以外に残業を行った。

ウ　FはDより後でCより先に残業を行った。

エ　BとEの間は3日空いていた。

オ　Gの翌日にBが、Aの翌日にEが残業を行った。

1　B
2　C
3　D
4　E
5　F

条件を図にして考える

1. 条件を書き出す
2. 条件を組み合わせる
3. 残った条件を入れてみる

判断推理 03 順序関係

解答・解説

 順番に関する条件をすべて書き出してみる

残業した順番を図示すると、
ウ　D　F　C
エ　B○○○E　または　E○○○B
オ　GB、AE
BとEについて言及している条件エ、オについて考える。
　①BがEより先に残業した場合　GB○○AE
　②EがBより先に残業した場合　AE○○GB
①の場合Gが日、月の2ケース、②の場合Aが日、月の2ケースのあわせて4ケースが考えられる。

日	月	火	水	木	金	土
G	B	○	○	A	E	
	G	B	○	○	A	E
A	E	○	○	G	B	
	A	E	○	○	G	B

空いているマスに条件ウを入れて、条件イを満たすものを探す。

日	月	火	水	木	金	土
A	E	D	F	G	B	C

よってGの前日に残業を行ったのはFである。

正解 5

練習問題

1 A～Fの6人で登山をした。頂上に着いた順番が次のよう
であったとすると、2番目に頂上に着いたのは誰か。
ア　Aの次にEが着いた。
イ　DはBより先に着いた。
ウ　CはBより後に着いた。
エ　FはDのすぐ後か、Cのすぐ後に着いた。
オ　AかDが4番目に着いた。

1　A
2　B
3　D
4　E
5　F

2 A～Fの6人の身長について、A＞D、B＞E、C＞Fで
あるとき、身長が高いほうから3番目の者が確実に決まる
ための条件は次のうちどれか。

1　D＞B＞F
2　D＞E＞C
3　E＞F＞A
4　E＞D＞C
5　F＞A＞B

解答・解説

判断推理
03
順序関係

1 正解　5

「DはBより先に着いた」をD＞Bと表す

ア　A E　　　　イ　D＞B　　　　ウ　B＞C

エ　D F　または　C F

イとウより、D＞B＞C

エを加味すると、D F＞B＞C　またはD＞B＞C F、

オとアを加味すると、Aが4番目、Eが5番目となる。

1	2	3	4	5	6
D	F	B	A	E	C

2 正解　5

選択肢と問題文を図にして組み合わせる

肢1　　　　　　C＞F
　　　　　　D＞B＞F　　3番目はBかCかD
　　　A＞D　　B＞E

肢2　　　B＞E
　　　　　D＞E＞C　　　3番目はBかD
　　　A＞D　　　　C＞F

肢3　　　C＞F
　　　　　E＞F＞A　　　3番目はCかE
　　　B＞E　　　　A＞D

肢4　　　A＞D
　　　　　E＞D＞C　　　3番目はAかE
　　　B＞E　　　　C＞F

肢5　　　　　A＞D　　　D、B、Eは4〜6番目の
　　　　　F＞A＞B　　　いずれもありうるが、3番
　　　C＞F　　　　B＞E　　目は確実にA

33

練習問題

③ A～Gの7人は、ある週の月曜日から日曜日までの当番を
ア～エのように決めた。このとき、確実にいえることは次
のうちどれか。
　　ア　CはAの2日後である。
　　イ　EはCの2日後である。
　　ウ　FはGの3日後である。
　　エ　BはDの4日後である。

　　1　月曜日の当番はAである。
　　2　火曜日の当番はDである。
　　3　水曜日の当番はCである。
　　4　木曜日の当番はFである。
　　5　金曜日の当番はEである。

④ A～Eの5人が競走をした。スタートしてから10分後に
BはCの36m前、DはEの40m後ろを走り、Aの前に
は2人が走っている。また、先頭を走るものから最後尾を
走るものの差は70mである。このときに確実にいえるも
のはどれか。ただし、同順位はいないものとする。

　　1　Bより前を走るものは1人以上いる。
　　2　Bより後ろを走るものは3人以上いる。
　　3　CはDより前を走っている。
　　4　Dより前を走るものは3人いる。
　　5　Eより前を走るものはいない。

解答・解説

③ 正解　2

Cに言及している条件文が2つある

①ア、イより、A、C、Eのパターン分けをし、ウを当てはめる

月	火	水	木	金	土	日
A		C	G	E		F
	A		C		E	
G		A	F	C		E

ウが入らず不適

②空いているマスにエを入れる

月	火	水	木	金	土	日
A	D	C	G	E	B	F
G	D	A	F	C	B	E

よって、確実にいえることは「火曜日の当番はDである。」

④ 正解　2

状況を図にしてみる

・B —————36m————— C
・E —————40m————— D
・○○A
・先頭 ——————70m—————— 最後尾

上の条件から、先頭はBかEと決まる。

①Bが先頭の場合

B —————36m————— C
　　　E —A—40m——— D

選択肢を検証すると、1×、2○、3○、4×、5×

②Eが先頭の場合

E —————40m————— D
　　　B —A—36m——— C

選択肢を検証すると、1○、2○、3×、4○、5○。
よって、選択肢2が確実にいえる。

練習問題

5 200m自由形にA～Eの5人が参加した。ゴール前のある時点でア～エのような状況であった。このときの状況について正しいのはどれか。

ア　先頭から最後尾の選手は15mはなれている。

イ　AとBの差は7mでBはCより11m遅れている。

ウ　Dは3位でDとEの差が8mである。

エ　同順位はいない。

1　AとDは3m差である。

2　BとDは7m差である。

3　BとEは15m差である。

4　CとDは8m差である。

5　CとEは4m差である。

解答・解説

5 正解 1

ア 先頭＿＿＿＿＿15m＿＿＿＿＿最後尾

イ 　　　　　A＿7m＿B＿7m＿A
　　　先頭〜最後尾が15mなのでAの最下位は不適

　　C＿＿＿＿＿11m＿＿＿＿＿B

ウ ○○D　かつ
　　E＿8m＿D＿8m＿E

ア、イよりＣＡＢの順位が決まる。
先頭〜最後尾が15mなので、Ｅが先頭または最後尾にくる。
Ｅが先頭だと、ＥとＤの間にＣＡがきてしまいＤが4位になり不適。
よって、各々の順位は図のように決まる。

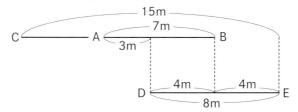

よって、正しいのは「ＡとＤは3m差である」

04 位置関係

★★

例題

A～Fの6人が円卓の周りに等間隔に並べられた椅子に座っている。ア～ウのことがわかっているとき、確実にいえるものはどれか。

ア　Aの1人おいて右隣はBである。
イ　Cの正面はEである。
ウ　Dの1人おいて左隣はCである。

1　Aの正面はFである。
2　Cの右隣はAである。
3　Fの右隣はDである。
4　Dの左隣はBである。
5　Bの正面はAである。

円卓問題では、条件が強いものから固定する

1. 誰かの正面に誰かが座るという表現があれば、その位置を固定する
2. 他の条件を場合分けしながら当てはめる

解答・解説

 「Cの正面はE」をまず固定

この問題では、図1に示すようにCとEを固定する。

「Dの1人おいて左隣はC」であるから、Dの位置が図2のように確定する。

「Aの1人おいて右隣はB」であるから、AとBの位置が図3のように確定し、残るFの位置も確定する。

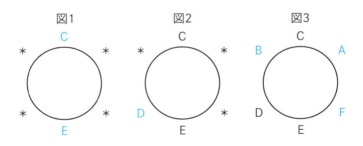

正解 4

練習問題

1 A〜Fの6人が円卓の周りに等間隔に並べられた椅子に座っている。ア〜エのことがわかっているとき、確実にいえるのはどれか。

ア　Aの隣にCが座っている。
イ　Bの隣にFが座っている。
ウ　Cの正面にDが座っている。
エ　Aの正面はBではない。

1　Aの右隣はEである。
2　Bの左隣はCである。
3　BとEは向かい合っている。
4　Dの右隣はFである。
5　Aの正面はFでない。

2 A〜Fの6人が東西に並んでおり、各人は東または西を向いている。また、A〜Eが次のように発言している。

A　私の前方にいるのは1人だけです。
B　私の前方には3人います。
C　私の前方には1人だけです。
D　私の前方にいるのはB、C、Fの3人です。
E　私の前方には5人います。

このとき、次のうち2人とも同じ方向を向いているのはどれか。

1　AとC
2　AとE
3　BとD
4　BとE
5　CとD

解答・解説

1 正解 3

向かい合う2人を固定する

ウから、図1に示すようにCとDを固定する。
ア「Aの隣にCが座っている」から、図2または図3のようになる。
図2、3にイ「Bの隣にFが座っている」、エ「Aの正面はBではない」を当てはめると図4または図5となる。
以上から「BとEは向かい合っている」が確実にいえる。

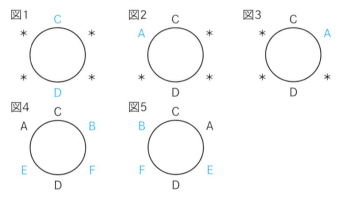

2 正解 5

「前方に1人いる」のはAとC

Aを西、Cを東とする。
○A○○C○
　←　　→

D、Bの発言から　　　　Eの発言から
○ADBCF　　　　　　EADBCF
←→←→?　　　　　　→←→←?

よって、CとDが同じ方向を向く。

練習問題

3 A〜Gの7つの店が図のように並んでおり、どの店も道路に面した部分はすべて店先となっている。以下のことがわかっているとき、正しくいえるものはどれか。ただし、店先から隣の店先は見えないものとする。

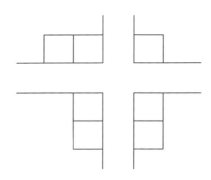

○A店の隣はC店である。
○B店の真向かいはA店とE店である。
○E店の隣はF店である。
○F店の店先から見えるのはA店、G店の店先である。
○G店の隣はD店である。

1　A店の真向かいはF店である。
2　B店の店先からはA、D、E、G店の店先が見える。
3　D店の店先からはA、B、F店の店先が見える。
4　E店の店先からはA、C、D、G店の店先が見える。
5　G店の真向かいはC店である。

解答・解説

3 正解　2

店を図1のようにア〜キとする。

① ア〜キのうち、イ〜キの店先からはそれぞれ3店以上の店先が見え、アの店先からのみ、エとカの2店の店先しか見えない。よって、4つ目の条件より、アがF店、エとカがA店またはG店となる。
② E店の隣はF店（3つ目の条件）なので、イがE店となる。
③ 残るウ、オ、キのうち、真向かいに2店あるのはウのみなので、2つ目の条件よりウがB店、カがA店となり、エがG店となる。
④ A店の隣がC店（1つ目の条件）、G店の隣がD店（5つ目の条件）なので、キがC店、オがD店となる。

図1　　　　　　　図2

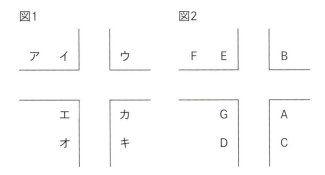

練習問題

4 図のような3階建てのアパートがあり、各階に4部屋ずつ
ある。各部屋にはA～Jの10人が1人ずつ入居している。
ア～カのことがわかっているとき、確実にいえるものはど
れか。

301	302	303	304
201	202	203	204
101	102	103	104

ア　Aの部屋は3階の端にある。

イ　Cの部屋は204号、Iの部屋は104号である。

ウ　Dの部屋のすぐ下は空き部屋、また両隣はHと空き
部屋である。

エ　Eの部屋は1階にある。

オ　Gの部屋は1階にあり、すぐ上は空き部屋である。

カ　Jの部屋のすぐ上はBの部屋がある。

1　Aの部屋は301号室である。

2　Cの部屋の隣は空き部屋である。

3　Eの部屋のすぐ上はFの部屋である。

4　Gの部屋の隣はEの部屋である。

5　Jの部屋の隣はGの部屋である。

解答・解説

④ **正解　3**

各条件を図に表す

301	302	303	304
201	202	203	204 C
101	102	103	104 I

A3階端

E1階／G1階（上は×）

ウ

H	D	×
	×	

または

×	D	H
	×	

カ

B
J

条件ウより、Dは302号、303号、202号のいずれか。

①Dが302号の場合

Aは304号、条件オと組み合わせるとGは102号と決まる。条件カよりJ、Bは101号、201号または103号、203号と決まる。残った部屋にE、Fが入る。選択肢1×　2×　3○　4○　5○

301 ×/H	302 D	303 H/×	304 A
201 B/F	202 ×	203 F/B	204 C
101 J/E	102 G	103 E/J	104 I

②Dが303号の場合

Aは301号、条件オと組み合わせるとGは103号と決まる。条件カよりJ、Bは101号、201号または102号、202号と決まる。残った部屋にE、Fが入る。選択肢1○　2○　3○　4×　5×

301 A	302 ×/H	303 D	304 H/×
201 B/F	202 F/B	203 ×	204 C
101 J/E	102 E/J	103 G	104 I

③Dが202号の場合

条件カが当てはまらないので不適。よって、確実にいえるのは選択肢3

301 A?	302	303	304 A?
201 ×/H	202 D	203 H/×	204 C
101 G/E	102 ×	103 E/G	104 I

05 対応表

★★★

例題

浅井、井沢、上田、江藤、小川の5人がそれぞれ週3日ずつ英会話を習いに行くことになった。5人が選んだ曜日について次のことがわかっているとき、正しいのはどれか。

ア　日曜は英会話の授業はない。

イ　月曜は4人、火曜、水曜はそれぞれ3人、土曜は1人だけ選んだ。

ウ　木曜を選んだのは上田と江藤だけであった。

エ　江藤は火曜を選んだが金曜は選ばなかった。

オ　江藤と小川は2日同じ曜日を選んだが、それは水曜でなかった。

カ　浅井と井沢は3日間同じ曜日を選んだ。

キ　井沢と上田は3日間とも異なる曜日を選んだ。

1　浅井は水曜を選んだ。

2　井沢は火曜を選んだ。

3　上田は月曜を選んだ。

4　江藤は土曜を選んだ。

5　小川は木曜を選んだ。

解法 縦軸に人、横軸に属性を記入する対応表を作る

1. 与えられた条件を表に記入する
2. 「○」が確定したところの行と列には「×」を入れる

判断推理 05 対応表

解答・解説

 消去法で決まるところを探す

①条件イ〜エを表に記入する

	月	火	水	木	金	土	日数
浅井				×			3日
井沢				×			3日
上田				○			3日
江藤		○		○	×		3日
小川				×			3日
人数	4人	3人	3人	2人	2人	1人	15日

②条件オについて考える

　土曜は、選んだのが1人だけなので江藤も小川も×。

　江藤は月曜と水曜が空いているが、条件オから水曜ではない。

　江藤と小川が同じ曜日は月曜と火曜で決まる。

③条件カについて考える

　土曜は、選んだのが1人だけなので浅井も井沢も×。上田と決まる。

　火曜は浅井と井沢が○だと合計人数が合わないので×。上田と決まる。

　浅井と井沢は月、水、金が○。

正解 1

練習問題

① A～Dの4人はそれぞれ犬を1匹ずつ飼っており、犬の名前はコロ、ポチ、シロ、クロである（ただし、順不同）。ある日、4人は自分の犬を連れて散歩に出かけたが、そのときの状況は以下のようである。

ア　Aはコロを連れた人に会った後、しばらくしてCに会った。

イ　Bはシロを連れた人とポチを連れた人に会った。

ウ　Cはシロを連れた人とクロを連れた人に会った。

エ　Dはクロを連れた人に会った後、しばらくしてAに会った。

以上から判断して、正しくいえることは次のうちどれか。

1　Aはポチを飼っている。　　2　Bはコロを飼っている。

3　Cはコロを飼っている。　　4　Dはコロを飼っている。

5　Dはシロを飼っている。

② A～Eの5人が、ある週の日曜から土曜日までの7日間、喫茶店でアルバイトをした。Aは4日、Bは3日、Cは3日、Dは4日、Eは5日出勤し、日曜は3人、月曜は4人、火曜は1人、水曜は3人、木曜は1人、金曜は4人、土曜は3人出勤した。

○Aは3日続けて休んだ。

○AとCは同じ日に出勤したことはなかった。

○CとDは同じ日に出勤したことはなかった。

○Bは1日おきに出勤した（2日連続で休んだことはない）。

以上のことから考えて、妥当なものは次のうちどれか。

1　月曜日にDは休んだ。　　2　月曜日にBは休んだ。

3　火曜日にCは出勤した。　　4　水曜日にEは休んだ。

5　木曜日にAは出勤した。

解答・解説

1 正解　4

「Aはコロを連れた人に会った」→Aはコロを飼っていない

条件アより、AとCはコロを飼っていない。

条件イより、Bはシロもポチも飼っていない。

条件ウより、Cはシロもクロも飼っていない。

条件エより、DとAはクロを飼っていない。

条件を表に記入し、確定したところに×を入れる。

	コロ	ポチ	シロ	クロ
A	×	×	○	×
B	×	×	×	○
C	×	○	×	×
D	○	×	×	×

2 正解　3

出勤したのが、1人の曜日に着目する

Bは1日おきに3日出勤したので、月、水、金とわかる。

Aは3日続けて休み、Cと同じ日に出勤していない→Aが休んだ日にCが出勤している。

A、C、Dの出勤日の関係から、AとDは出勤した日が同じである。

火と木は出勤したのが1人だけなので、Cと決まる→Aが休んだ日も火、水、木と決まる。

	日	月	火	水	木	金	土	日数
A	○	○	×	×	×	○	○	4日
B	×	○	×	○	×	○	×	3日
C	×	×	○	○	○	×	×	3日
D	○	○	×	×	×	○	○	4日
E	○	○	×	○	×	○	○	5日
人数	3人	4人	1人	3人	1人	4人	3人	19日

練習問題

3 A～Eの5人の携帯電話の通話のやり取りについて、次の
ア～カのことがわかっているとき、確実にいえるのはどれ
か。

ア　Aは、CとDのどちらかから電話を受けた。

イ　Bは、AからもDからも電話を受けなかった。

ウ　Cは、Bから電話を受けなかった。

エ　Eは、AからもCからも電話を受けなかった。

オ　5人がかけた電話と受けた電話は、それぞれ1回ずつ
であった。

カ　電話をかけた相手から電話を受けた人はいなかった。

1　EはBに電話をかけた。

2　BはEに電話をかけた。

3　CはAに電話をかけた。

4　DはCに電話をかけた。

5　AはDに電話をかけた。

解答・解説

③ 正解　2

×をつけられるところを見落とさない

与えられた条件を対応表にまとめる。

受ける＼かける	A	B	C	D	E
A		×	△	△	×
B	×			×	
C		×			
D					
E	×		×		

AはCから受ける場合と、Dから受ける場合がある。

①AがCから受ける場合

受ける＼かける	A	B	C	D	E
A		×	○	×	×
B	×		×	×	○
C	×	×			×
D			×		×
E	×	×	×		

条件カから、EはBにかけるのでBはEにかけない。

同様に、CはAにかけるのでAはCにかけない。

DがA、Bから受けることになるので不適。

②AがDから受ける場合

受ける＼かける	A	B	C	D	E
A		×	×	○	×
B	×			×	
C	○	×		×	×
D	×				
E	×	○	×	×	

条件カから、DはAにかけるのでAはDにかけない。

AはCにかけると決まる。

BはEにかけると決まる。

練習問題

4 A～Eの5種類のキャンディがそれぞれ3個ずつ計15個ある。月曜～金曜の5日間、朝、昼、晩に1個ずつキャンディを食べ、同じ日に同じ種類のキャンディは食べなかった。次のア～エのことがわかっているとき、確実にいえるのはどれか。

ア AとBをそれぞれ3日続けて食べた。
イ BとDを同じ日に食べたのは2日だった。
ウ Cを1日おきに食べた。
エ CとEを同じ日に食べたのは2日だった。

1 月曜に食べた3個のうち、2個はAとEである。
2 月曜に食べた3個のうち、2個はDとEである。
3 火曜に食べた3個のうち、2個はAとDである。
4 木曜に食べた3個のうち、2個はBとDである。
5 金曜に食べた3個のうち、2個はAとEである。

解答・解説

判断推理 05 対応表

4 正解　4

キャンディの種類と曜日で対応表を作る

条件文に記載がないので、朝昼晩については考慮しなくてよい。

①与えられた条件を対応表にまとめる

Cを1日おきに3日食べているので、Cは月、水、金に食べたと決まる。

AとBをそれぞれ3日続けて食べた。

→連続する3日には必ず水曜日が含まれるので、水曜日にAとBを食べたと決まる。

月	火	水	木	金
C		C		C
		A		
		B		

②条件イとエを考える

条件エから、CとEを同じ日に食べたのは月、金である。

条件イから、BとDを同じ日に食べたのは火、木と決まる。

月	火	水	木	金
C	B	C	B	C
E	D	A	D	E
		B		

選択肢を検証すると、確実にいえるのは選択肢4である。

06 集合

例題

ある会社の社員の総数は72人である。社員の中でテニス経験者は25人いてそのうちさらにサッカー経験者は8人いる。一方、社員の中でサッカー経験者は38人いてそのうちさらに野球経験者は10人いる。また、野球経験者の総数は20人である。テニス、サッカー、野球の3つ全て経験がある人は3人で、3つとも経験がない人が9人いる。このとき、この会社でテニスと野球の両方の経験がある人は何人いるか。

1　3人
2　4人
3　5人
4　6人
5　7人

解法 全体を「上下」「左右」「内外」で分けたキャロル表で解く

判断推理 06 集合

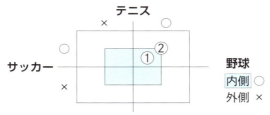

1. 右はテニス経験者（○）、左はテニス未経験者（×）
2. 上はサッカー経験者（○）、下はサッカー未経験者（×）
3. 内側は野球経験者（○）、外側は野球未経験者（×）

例 テ○、サ○、野○は①のところに数字を記入する。
テ○、サ○は2つのマスをまたぐように②に記入する。

解答・解説

 パズルのように、確定するスペースに数字を記入する

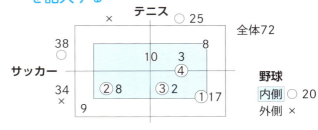

① $25 - 8 = 17$ ② $34 - (9 + 17) = 8$
③ $20 - (10 + 8) = 2$ ④ $3 + 2 = 5$

正解 3

練習問題

1 40人の生徒に国語、数学、理科の3教科についてそれぞ
れが好きか嫌いか調査をした。国語が好きな生徒は25人、
数学が好きな生徒は19人、理科が好きな生徒が13人で、
国語と数学が好きな生徒は10人、数学と理科が好きな生
徒が8人、国語と理科が好きな生徒は9人いた。さらに3
教科ともに好きな生徒が4人いる時、3教科ともに嫌いな
生徒は何人か。

1　5人
2　6人
3　7人
4　8人
5　9人

解答・解説

1 正解 2

▨ 部分の人数を求める

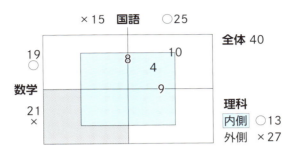

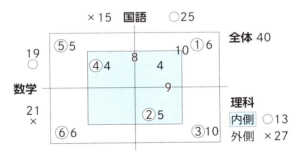

①$10 - 4 = 6$
②$9 - 4 = 5$
③$25 - (6 + 9) = 10$
④$8 - 4 = 4$
⑤$19 - (6 + 8) = 5$
⑥$27 - (10 + 6 + 5) = 6$

練習問題

[2] 学生に対してジャズ、ポップス、クラシックの3ジャンルについて好きか否かのアンケート調査を行ったところ、次のような結果が出た。

　　有効回答者数150人
　　ジャズが好きな学生　70人
　　ポップスだけが好きな学生　63人
　　クラシックが好きな学生　40人
　　ジャズとクラシックだけが好きな学生　12人
　　どれも好きでない学生　6人

以上のことから判断して、有効回答のうち3ジャンルとも好きな学生は何人か。

1　16人　　　　2　17人
3　18人　　　　4　19人
5　20人

[3] ある駅で降りた電車の乗客720人について調査したところ、次のア～カのことがわかった。このとき、東京都以外に住んでいる男性の大人の人数はどれか。

　　ア　東京都に住んでいる人は504人
　　イ　男性は全部で552人
　　ウ　子供は全部で180人
　　エ　東京都に住んでいる男性の子供は48人
　　オ　東京都に住んでいる女性の大人は96人
　　カ　東京都以外に住んでいる女性は36人で全員大人

1　84人　　　　2　88人
3　92人　　　　4　96人
5　100人

解答・解説

2 正解 2

ジャズ好きでない学生は（150－70）人

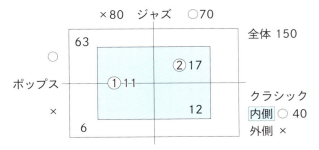

① 80 －（63 ＋ 6）＝ 11
② 40 －（11 ＋ 12）＝ 17

3 正解 1

女性の合計に着目して、空いているマスを埋めていく

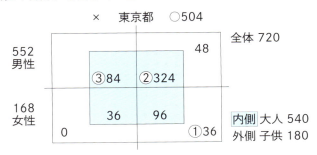

① 168 －（0 ＋ 36 ＋ 96）＝ 36
② 504 －（48 ＋ 96 ＋ 36）＝ 324
③ 540 －（36 ＋ 96 ＋ 324）＝ 84

練習問題

4 保育園の園児35人が折り紙で遊んだ。折り紙の色は赤、黄、青、緑の4色であり、1人で複数枚必ず使うが、同じ色を使うことはできない。遊び終わった後に使われた折り紙の枚数を調べると赤28枚、黄30枚、青29枚、緑20枚であった。4色とも使った園児は少なくとも何人いるか。

1　0人
2　1人
3　2人
4　3人
5　4人

解答・解説

4 正解 3

「少なくとも」「以上」という表現がある場合は、線分図を使う

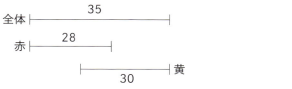

赤、黄を使った園児のうち、両方使った園児は少なくとも赤＋黄から全体を引いた数、すなわち（28＋30）－35＝23である。

次に赤、黄と青の3色使った園児を考える。

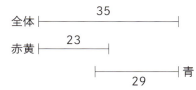

赤、黄、青を使った園児のうち、3色すべて使った園児は少なくとも赤黄＋青から全体を引いた数、すなわち（23＋29）－35＝17である。

最後に、赤、黄、青と緑の4色使った園児を考える。

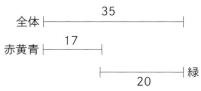

赤、黄、青、緑を使った園児のうち、4色すべて使った園児は少なくとも赤黄青＋緑から全体を引いた数、すなわち（17＋20）－35＝2である。

07 試合

★★★

例題

A～Eの5人の力士が1度ずつ対戦する総当たりのリーグ戦を行っている。取り組みを2番残した時点で力士の勝敗状況は次のア～オの通りである。このとき、まだ行われていない取り組みを2番とも正しくあげているのは次のうちどれか。

ア　Aは少なくとも3勝しており無敗である。

イ　Bは1勝3敗である。

ウ　Cは無敗である。

エ　Dは勝ち数が負け数より多くEに勝った。

オ　Eは3敗以上している。

1　AとC、CとD

2　AとC、CとE

3　AとD、DとE

4　AとE、CとD

5　CとD、CとE

解法 総当たりのリーグ戦の表を作る

注1 自チーム同士の対戦はないので斜線を引く。

注2 DがAに勝ったということは、AはDに負けたということなので、2か所に○×を記入する。

対戦相手 チーム名	A	B	C	D	E
A				×	
B					
C					
D	○				
E					

判断推理
07 試合

解答・解説

ヒント 無敗が2人いる意味を考える

表1に条件を記入する。

表2　A、C共に無敗から、AとCは未対戦と確定。Aは3勝からB、D、Eに勝ったと確定。

A、C未対戦のため、選択肢1か2が正解になる。

選択肢1のCとDを検証する。CがDに勝つとDが2敗となり、D勝ち＞負けという条件を満たさない。DがCに勝つとC無敗の条件を満たさない。よってCとDが未対戦で確定。

表1

	A	B	C	D	E	勝ち	負け
A						3以上	0
B						1	3
C							0
D					○	勝ち＞負け	
E				×			3以上

表2

	A	B	C	D	E	勝ち	負け
A		○	未	○	○	3以上	0
B	×					1	3
C	未						0
D	×				○	勝ち＞負け	
E	×			×			3以上

正解 1

63

練習問題

1 A～Fの6人が将棋の総当たり戦をした。引き分けはなく、次のア～カのことがわかっているとき、正しいものは次のうちどれか。

ア　Aの成績は2勝3敗で、Bには勝った。
イ　Bの成績は1勝4敗で、Fには負けた。
ウ　Cの成績は4勝1敗で、Bには勝った。
エ　Dの成績は4勝1敗で、Cには勝った。
オ　Eの成績は2勝3敗で、Bには勝った。
カ　FはAには勝った。

　1　AはEには勝った。　　2　BはDには負けた。
　3　CはEには負けた。　　4　EはFには負けた。
　5　FはCには勝った。

2 A～Eの5チームが総当たり戦でサッカーの試合をしたところ、その結果について、次のア～オのことがわかっている。

ア　AはDとEに負けた。
イ　BはCに勝ち、Dと引き分けた。また、Bの試合終了時の勝ち点は5点であった。
ウ　Cの試合終了時の勝ち点は6点であった。
エ　Dの試合終了時の勝ち点は4点であった。
オ　Eの試合終了時の勝ち点は3点であった。

以上のことから判断して確実にいえるのはどれか。ただし、各試合の勝ち点は、勝ったチームは2点、引き分けたチームは1点、負けたチームは0点とし、同一チームとの対戦は1回のみとする。

　1　AはBに勝った。　　2　BはEに負けた。
　3　CはDに負けた。　　4　DはEに勝った。
　5　EはCと引き分けた。

解答・解説

① 正解　1

判断推理
07 試合

条件ア〜カより、表1を得る。以下の手順で表2を得る

①BはDに勝ったことがわかる。

②CはA、E、Fに勝ったことがわかる。

③DはA、E、Fに勝ったことがわかる。

④AはEに勝ったことがわかる。

⑤EはFに勝ったことがわかる。

表1

	A	B	C	D	E	F	勝	敗
A		○				×	2	3
B	×		×		×	×	1	4
C		○		×			4	1
D			○				4	1
E		○					2	3
F	○	○						

表2

	A	B	C	D	E	F	勝	敗
A		○	×	×	○	×	2	3
B	×		×	○	×	×	1	4
C	○	○		×	○	○	4	1
D	○	×	○		○	○	4	1
E	×	○	×	×		○	2	3
F	○	○	×	×	×			

---

② 正解　1

条件ア〜オより、表1を得る。以下の手順で表2を得る

①Cの勝ち点6より、Cは3勝1敗となる。

②Dの勝ち点4より、DはEと引き分けたことになる。

③Eの勝ち点3より、EはBに負けたことになる。また、Bの勝ち点5より、BはAに負けたことになる。

表1

	A	B	C	D	E	点
A				×	×	
B			○	△		5
C		×				6
D	○	△				4
E	○					3

表2

	A	B	C	D	E	点
A		○	×	×	×	2
B	×		○	△	○	5
C	○	×		○	○	6
D	○	△	×		△	4
E	○	×	×	△		3

練習問題

3 A～Fの6人が総当たりで将棋の対局をした。結果の一部
は次のとおりであった。引分けと同順位がなかったとする
と、6人の成績順はどれか。

○AはEに勝ち、Cに負けた。
○BはAとDとEに勝った。
○CはBとFに勝った。
○DはAに勝ち、Cに負けた。
○EはDとFに負けた。
○FはAとBに勝った。

	1	2	3	4	5	6 ←順位
1	B	C	F	A	D	E
2	B	D	C	F	E	A
3	C	D	B	F	E	A
4	C	F	B	D	A	E
5	F	B	C	A	E	D

解答・解説

3 正解 4

同順位がないことで全員の勝ち負けが確定する

①各条件より、表1を得る。

②引き分け、同順位がないので、1位は5勝0敗、2位は4勝1敗、3位は3勝2敗、4位は2勝3敗、5位は1勝4敗、6位は0勝5敗となる。これより、Aは5位、Bは3位で確定し（表2）、この段階で正解は選択肢4となる。

③5勝0敗となりうるのはCのみであり、CはEに勝って1位となる。これより、Eは0勝5敗で6位となる（表3）。

④4勝1敗となりうるFがDに勝って2位となり、DはFに負けて2勝3敗で4位となる。

表1

	A	B	C	D	E	F
A		×	×	×	○	×
B	○		×	○	○	×
C	○	○			○	○
D	○	×	×		○	
E	×	×		×		×
F	○	○	×		○	

表2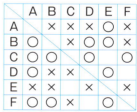

Aは1勝4敗で5位
Bは3勝2敗で3位

表3

練習問題

4 図は、A〜Hの8チームが参加したトーナメント戦の状況の一部で、5つの□にD〜Hのいずれかが入る。次のア〜ウのことがわかっているとき、確実にいえるのはどれか。

ア　FはEに勝ったが、決勝には進めなかった。
イ　Gは2回戦で負けた。
ウ　AとHは対戦しなかった。

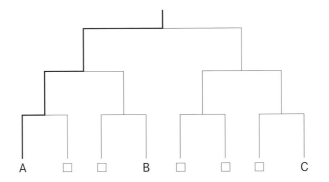

1　BはAに負けた。
2　CはHに負けた。
3　FはCに負けた。
4　GはBに負けた。
5　DはGに負けた。

解答・解説

4 正解 3

確定できる場所を順に探す

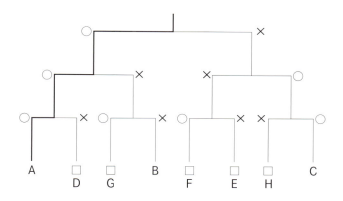

① アから、FとEは1回戦で対戦することが確定。さらに、Cvs□の勝った方が2回戦も勝ったことがわかる。
② イから、GはBの1回戦の相手で確定。
③ ウから、AとHは対戦しなかったので、HはCの1回戦の相手で確定。
④ AとHは対戦しなかったので、1回戦のCvsHはCが勝ったことがわかる。
⑤ Aの1回戦の相手は、残りのDで確定。

08 空間図形

例題

図1および図2の展開図を組み合わせたとき、☆がついた面と平行になる面の組合せとして正しいものはどれか。

図1

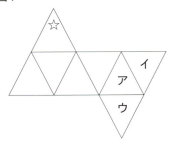

図2

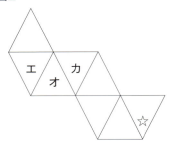

	図1	図2
1	ア	エ
2	イ	エ
3	イ	オ
4	ウ	オ
5	ウ	カ

解法 どの辺がどの辺にくっつくかに着目する

1. 正八面体は展開図にしたとき、120°の角度をなす辺同士がつながる
2. 正八面体は展開図にしたとき、2つおきの位置にある面が平行になる

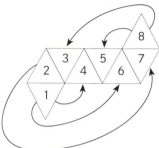

2と5、3と6、4と7、1と8はそれぞれ平行

解答・解説

ヒント 辺がつながると正三角形も移動する

図1
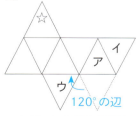

☆がついた面と平行になるのは、2つおきの位置にあるウ。

図2
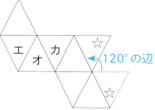

☆がついた面と平行になるのは、2つおきの位置にあるオ。

正解 4

練習問題

[1] 同じ大きさの小立方体27個を図のように積み上げて、A、C、Eの3点を通る平面で切断したとき、平面で切断されていない小立方体はいくつか。

1　12個
2　14個
3　15個
4　18個
5　20個

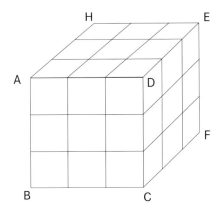

解答・解説

1 正解　4

切断後に各段をスライスしていく

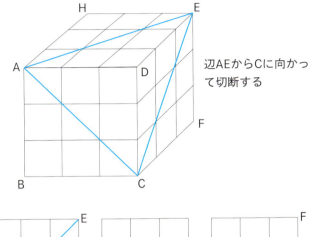

辺AEからCに向かって切断する

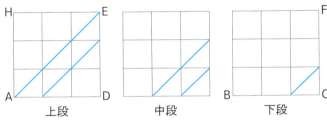

上段　　　　中段　　　　下段

①上段の上の切断線、上段の下の切断線
→切断されているのは5つ
②中段の上の切断線、中段の下の切断線
→切断されているのは3つ
①下段の上の切断線、下段の下の切断
→切断されているのは1つ

よって27 −（5 + 3 + 1）= 18

練習問題

2 図のように、円に円と交わる1本の直線を引くと円は2つに分割される。いま、円に円と交わる6本の相異なる直線を引いたとき、分割される個数が最少になる場合と最大になる場合の差として、正しいものはどれか。なお、円に接する直線は考えないものとする。

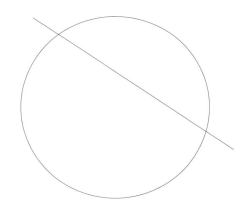

1　14
2　15
3　16
4　17
5　18

解答・解説

2 正解　2

直線を3本引くと、円が最多何個に分割されるかを考える

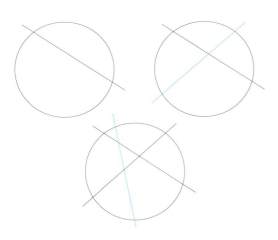

直線の数	0	1	2	3
区画数	1	2	4	7
増えた区画数	/	1	2	3

1本目は1、2本目は2、3本目は3増え、4本目以降も同じ規則性で増える。
4本目…7 + 4 = 11
5本目…11 + 5 = 16
6本目…16 + 6 = 22

一方、最少分割個数は直線を平行に入れた場合で、7個に分割される。

よって22 − 7 = 15個

09 川渡り・暗号・道順

例題

男性3人、女性3人がボートを使って川を渡ろうとしている。ボートは1隻しかなく、一度に乗れるのは男性なら1人、女性なら2人で、男性と女性が一緒に乗ることはできない。片道を1回と数えると、全員が川を渡りきるためには、ボートは少なくとも何回川を渡らなければならないか。

1　13回
2　14回
3　15回
4　16回
5　17回

解法 川渡りは、最初に複数人が乗る

最初は、ボートを戻すためと、対岸に人を移動させるために複数人がボートに乗るしかない。

解答・解説

 最初に女性2人が川を渡って1人が戻ってくる

男性3人
女性3人

①**男性を対岸に移動させる**

　　①女性2人→
　　←②女性1人
　　③男性1人→
　　←④女性1人

男性1人を対岸に移動させるまでにボートは4回川を渡る。
男性3人を移動させるには12回

②**女性を対岸に移動させる**

　　①女性2人→
　　←②女性1人
　　③女性2人→

女性3人を対岸に移動させるにはボートは3回川を渡る。
よって、合計12＋3＝15回

正解 **3**

練習問題

1 イヌをCPH、ネコをDBSと表すとき、SJHFQは何を表すか。

1　ゾウ
2　クマ
3　サル
4　ヒョウ
5　トラ

2 ある暗号でオレンジを1111、10010、1、1110、111、101で表す。同じ暗号で111、10010、1、10000、101は何を表すか。

1　リンゴ
2　メロン
3　ブドウ
4　バナナ
5　スイカ

解答・解説

① 正解　5

日本語を英訳してアルファベットをずらした暗号である

イヌはDOG　CPHのC→D、P→O、H→Gに変換できる。
ネコはCAT　DBSのD→C、B→A、S→Tに変換できる。
よって、以下の規則性を推測することができる。

A　C　E　G　I　K　M　O　Q　S　U　W　Y
↕　↕　↕　↕　↕　↕　↕　↕　↕　↕　↕　↕　↕
B　D　F　H　J　L　N　P　R　T　V　X　Z

SJHFQはS→T、J→I、H→G、F→E、Q→R
TIGERに変換でき、よってトラが正解。

② 正解　3

1と0しか使われていないので2進法の暗号である

さらに、暗号の要素が1111、10010、1、1110、111、101
と6つなのでオレンジはORANGEに英訳すると推測できる。
Aから順に2進法に置き換えると以下のようになる。

A→1
B→10　　　　C→11
D→100　　　E→101　　　F→110　　　G→111
H→1000　　I→1001　　J→1010　　K→1011
L→1100　　M→1101　　N→1110　　O→1111
P→10000　　Q→10001　　R→10010　　S→10011
T→10100　　U→10101　　V→10110　　W→10111
X→11000　　Y→11001　　Z→11010

よって111、10010、1、10000、101はGRAPEとなり、ブ
ドウが正解。

練習問題

3 図において、A地点からB地点まで最短経路でいくとき、工事中のX地点を通ってよい場合と、X地点を通ってはいけない場合の道順数の差はいくつか。

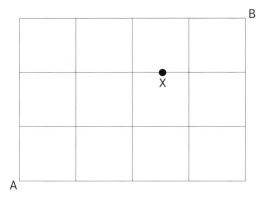

1　3
2　6
3　9
4　12
5　15

解答・解説

3 正解　4

各交差点に行くために何通りあるかを記入する

①X地点を通ってよい場合

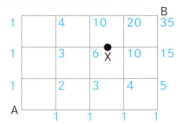

②X地点を通ってはいけない場合

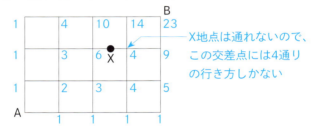

X地点は通れないので、この交差点には4通りの行き方しかない

道順の差は 35 − 23 = 12

押さえておこう！

数値記入法

AからBへの最短経路
・真っすぐ進むのは1通り
・合流は足し算

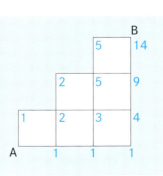

10 平面図形

例題

△ABCにおいて、BD：DC＝3：1であり、△ABMと△MBCの面積は等しい。このとき、AMとMDの比はいくらか。

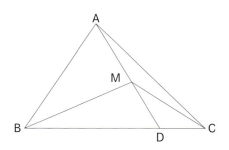

1 　1：1
2 　3：2
3 　4：3
4 　5：3
5 　5：4

底辺分割の定理を使って解く

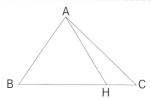

高さが等しい2つの三角形△ABH、△AHCの面積比は底辺BHとHCの比に等しくなる。

例 BH：HCが4：3のとき、△ABHと△AHCの面積比も4：3

解答・解説

 △ABM、△MBCは底辺分割の定理が使える

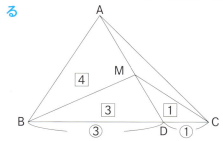

①△MBD、△MDCは底辺分割の定理から、面積比は3：1
②△MBCの面積を4とおくと、△ABMの面積＝△MBCの面積から△ABMの面積も4
③△ABMと△MBDの面積比＝4：3から、辺AMとMDの比は底辺分割の定理から4：3となる。

正解 3

練習問題

[1] 縦が2、横が3の長方形ABCDを6つの正方形に分割し、DEとEFを結んだとき、∠ADEと∠BFEの角度の和はいくらか。

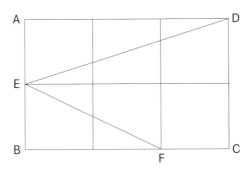

　　1　40°
　　2　45°
　　3　50°
　　4　55°
　　5　60°

解答・解説

1 正解 2

補助線、合同、錯角を用いて解く

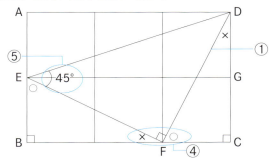

① 補助線を入れる。
② 3組の辺の長さが等しいので△DFCと△FEBは合同。
③ ∠CFDの角度を○、∠FDCの角度を×とすると∠BEFは○、∠EFBは×となる。また、○＋×＝90°となる。
④ ×＋○＝90°なので、∠DFEは90°で確定。
⑤ △FEDは直角二等辺三角形になるため、∠FEDは45°になる。
⑥ ∠BFEと∠FEGは錯角、∠ADEと∠DEGは錯角。
⑦ ∠ADE＋∠BFEは45°である。

📢 押さえておこう！

錯覚と同位角

錯角   同位角

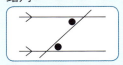   

●は錯角により等しい。   ○は同位角により等しい。

練習問題

2 図で、AC＝DC＝24cmのとき、△CEFの面積はいくらか。

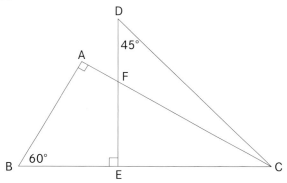

1 　$36\sqrt{3}$ cm^2
2 　$36\sqrt{6}$ cm^2
3 　$48\sqrt{3}$ cm^2
4 　$48\sqrt{6}$ cm^2
5 　72 cm^2

解答・解説

② 正解　3

三平方の定理を利用して解く

①△CDEからCEを求める

DCは24cm、ECは$x$cm

$x : 24 = 1 : \sqrt{2}$

$\sqrt{2}x = 24$

$x = \dfrac{24}{\sqrt{2}} = \dfrac{24}{\sqrt{2}} \times \dfrac{\sqrt{2}}{\sqrt{2}} = 12\sqrt{2}$

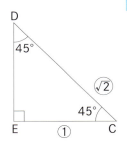

②△CEFからEFを求める

ECは$12\sqrt{2}$ cm、FEは$y$cm

$\sqrt{3} : 1 = 12\sqrt{2} : y$

$\sqrt{3}y = 12\sqrt{2}$

$y = \dfrac{12\sqrt{2}}{\sqrt{3}}$

$= \dfrac{12\sqrt{2}}{\sqrt{3}} \times \dfrac{\sqrt{3}}{\sqrt{3}} = \dfrac{12\sqrt{6}}{3} = 4\sqrt{6}$ cm

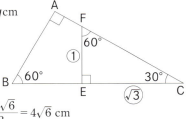

③△CEFの面積を求める

$12\sqrt{2} \times 4\sqrt{6} \times \dfrac{1}{2} = 48\sqrt{3}$ cm^2

📢 押さえておこう！

三平方の定理

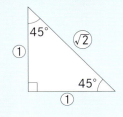
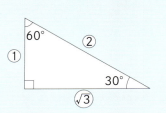

練習問題

③次の図に示す△ABCにおいて、AB＝56cm、AC＝42cm、線分ADは∠Aの二等分線、ED∥AC、EF∥BCとするとき、AFの長さはいくらか。

1 16cm
2 18cm
3 20cm
4 21cm
5 24cm

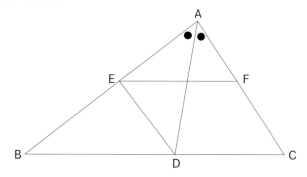

解答・解説

③ 正解　2

角の二等分の定理を利用する

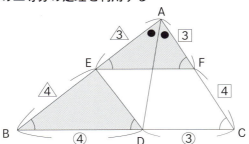

① AB：AC＝56：42＝4：3
　角の二等分の定理からBD：DCは4：3
② △BDEと△BCAは∠B共通、∠BDEと∠BCAは同位角より、2組の角が等しいので相似。
③ BD：BC＝4：7なので、BE：BAも4：7になる。したがってBE：EAは4：3
④ △AEFと△ABCは∠A共通、∠AFEと∠ACBは同位角より、2組の角が等しいので相似。
⑤ AE：AB＝3：7であれば、AF：ACも3：7になる。AF：FCは3：4
⑥ ACは42cmなので、AFは $42 \times \dfrac{3}{7}$ ＝18cmである。

押さえておこう！

角の二等分の定理
∠BAH＝∠CAHのとき、
AB：AC＝BH：HCとなる。

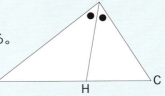

N進法・虫食い・魔方陣

例題

2進法で10101と表す10進法の数をxとし、3進法で201と表す10進法の数をyとするとき、$x+y$を6進法で表した数はどれか。

1 100
2 101
3 102
4 103
5 104

n進法を10進法に変換する

n進法とは、数を0〜(n−1)のn個の数字で表すことである。
nを超えると位が次に移る。

例 6進法の345を10進法に変換する
$345 = 6^2 \times 3 + 6^1 \times 4 + 6^0 \times 5$
$= 108 + 24 + 5$
$= 137$

例 10進法の137を6進法に変換する
元の数を6進法の6で割っていき、余りと最後の商を逆順に並べる。

6) 137
6)　22　…5
　　　3 …4

よって、10進法の137を6進法に変換すると345である。

解答・解説

 10進法に変換して計算する

xは、$2^4 \times 1 + 2^3 \times 0 + 2^2 \times 1 + 2^1 \times 0 + 2^0 \times 1 = 16 + 0 + 4 + 0 + 1 = 21$

yは、$3^2 \times 2 + 3^1 \times 0 + 3^0 \times 1 = 18 + 0 + 1 = 19$

$21 + 19 = 40$を6進法に変換。

6) 40
6)　6　…4
　　　1 …0

よって、104

正解 5

練習問題

1 5進法で3024と表す数と、7進法で2110と表す数との
和を7進法で表した数はどれか。

    1   2432
    2   2734
    3   3166
    4   3204
    5   3321

2 6進法の345を7進法で表した数として正しいのはどれか。

    1   244
    2   246
    3   250
    4   252
    5   254

解答・解説

① 正解　4

n進法の数を10進法に直す

$$5^3 \quad 5^2 \quad 5^1 \quad 5^0$$
$$3 \quad\ \ 0 \quad\ \ 2 \quad\ \ 4$$
$$5^3 \times 3 + 5^2 \times 0 + 5^1 \times 2 + 5^0 \times 4 = 375 + 0 + 10 + 4 = 389$$

$$7^3 \quad 7^2 \quad 7^1 \quad 7^0$$
$$2 \quad\ \ 1 \quad\ \ 1 \quad\ \ 0$$
$$7^3 \times 2 + 7^2 \times 1 + 7^1 \times 1 + 7^0 \times 0 = 686 + 49 + 7 + 0 = 742$$

$$389 + 742 = 1131$$

10進法の1131を7進法に変換する。

$$
\begin{array}{r}
7\,)\,\overline{1131} \\
7\,)\,\overline{161}\cdots4 \\
7\,)\,\overline{23}\cdots0 \\
\overline{3}\cdots2
\end{array}
$$

② 正解　5

必ず10進法を経由する

6進法345を10進法に変換する。

$$6^2 \quad 6^1 \quad 6^0$$
$$3 \quad\ \ 4 \quad\ \ 5$$
$$6^2 \times 3 + 6^1 \times 4 + 6^0 \times 5 = 108 + 24 + 5 = 137$$

10進法の137を7進法に変換する。

$$
\begin{array}{r}
7\,)\,\overline{137} \\
7\,)\,\overline{19}\cdots4 \\
\overline{2}\cdots5
\end{array}
$$

練習問題

3 次のようなある法則に従って、自然数を並べたとき、847が並ぶのは何段目か。

```
1段目              4
2段目           9     8
3段目       16    18    12
4段目     25   32   27   16
                 ⋮
```

1　12段目
2　14段目
3　16段目
4　18段目
5　20段目

4 下のかけ算の□には0～9の数字が入る。xに入る数字として正しいのはどれか。

1　1
2　2
3　3
4　4
5　5

解答・解説

③ 正解　3

ピラミッドの一番左の辺にある数字に着目する

1段目は4　　$= 2^2$

2段目は9　　$= 3^2$

3段目は16　$= 4^2$

ピラミッドの一番左の辺から斜め右下に進むごとに×2、×3……となる。

847を素因数分解すると$11^2 \times 7$

まず、11^2は10段目

次に、斜め右下に進むごとに×2、×3……となるので、×7になるのは10段目からさらに6段下の16段目である。

④ 正解　2

桁数に着目する

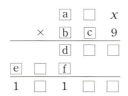

① 2段目のかけ算がないので、c = 0で確定。

② 9×a = d　dが1桁なので、a = 1で確定。さらにd = 9で確定。

③ 9 + f = 1からfは2で確定。

④ eは1で確定（eが0で繰り上がりの1を足して1ということはない。つまり最上位の数が0の可能性はない）。

⑤ b×1 = 1からb = 1で確定。

⑥ よって、1×x = 2からx = 2で確定。

練習問題

5 1～9の数字をすべて使って作られた虫食い算がある。この足し算の解答として正しいものはどれか。

1　845
2　835
3　831
4　945
5　983

6 図の9つのマスに1～9の数字を入れて、縦、横、斜めの3つの数字の和が一定になるようにしたい。このとき、xに入る数字はどれか。

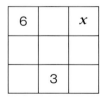

1　1
2　2
3　4
4　5
5　7

解答・解説

---

⑤ 正解　4

繰り上がりに注意する

　一番上の位を足した結果が繰り上がっていないことから、左上の□には1か2が入る。

2はすでに使われているので1と確定し、解答に1を含む選択肢3と、一の位が2＋1＝3となる選択肢5が消える。

残った選択肢を代入し、条件を満たすものを探す。

```
    1   6   2
+   7   8   3
─────────────
    9   4   5
```

---

⑥ 正解　2

9マス全部の和は「等差数列の和の公式」で求める

　1、2、3、4……のように前の数との差が等しいものを等差数列と呼ぶ。

等差数列の和＝項数×（初項＋末項）÷2で求められる。

1〜9の総和は9×（1＋9）÷2＝45

縦、横、斜めの3つの数字の和が一定ということは、

45÷3＝15　1段の和は15、縦も斜めも同様に和が15

6	a	x
b	c	d
e	3	f

$b + e = 9$
$c + f = 9$

和が9になる組み合わせは、(1、8)(2、7)(3、6)(4、5) であるが、3、6はすでに出ているので不適。

残った組み合わせを (b、e)(c、f) に当てはめて検証する。

6	7	2
1	5	9
8	3	4

判断推理

11
N進法・虫食い・魔方陣

練習問題

7 図の16マスに1〜16の数字を入れて、縦、横、斜めの4
つの数の和がすべて等しくなるようにしたい。このとき、
AとBの和として正しいのはどれか。

13		12	1
2			14
		A	
	5	B	4

1   12
2   13
3   14
4   15
5   16

解答・解説

[7] 正解　4

1〜16の総和は等差数列の公式から

$16(1+16) \div 2 = 136$

縦、横、斜めの4つの数の和は

$136 \div 4 = 34$

次に、4×4魔方陣には以下のような特徴がある。

b	c	c	b
d	a	a	d
d	a	a	d
b	c	c	b

同じアルファベットをつけた4つのマスの数の和は必ず34になる。

①上段横　$34 - (13 + 12 + 1) = 8$

②上述 c 4つの合計から、$B = 34 - (8 + 12 + 5) = 9$

③下段横　$34 - (5 + 9 + 4) = 16$

④左端縦　$34 - (13 + 2 + 16) = 3$

⑤右端縦　$34 - (1 + 14 + 4) = 15$

13	8	12	1
2			14
3		A	15
16	5	9	4

残りの6、7、10、11を合うように入れると

13	8	12	1
2	11	7	14
3	10	6	15
16	5	9	4

$A + B = 6 + 9 = 15$

12 整数の性質

例題

ある4桁の正の整数 n は9の倍数で百の位が5、十の位が3であるという。このような n はいくつあるか。

1　8通り
2　9通り
3　10通り
4　11通り
5　12通り

解法 各位の和が9の倍数であれば9の倍数になる

> 例 567は各位の和が5＋6＋7＝18、
> 各位の和18が9の倍数に該当。
> よって567は9の倍数になる。

解答・解説

ヒント 4桁の正の整数nの各位の和が9の倍数になる場合は、和が9、18の2通りである

①和が9になる場合

千	百	十	一
	5	3	

千の位が1、一の位が0の1通りである。

②和が18になる場合

千	百	十	一
	5	3	

百の位が5、十の位が3で和が8であるため、千の位と一の位の和が10であればよい。
千の位と一の位の組合せは（1、9）（2、8）（3、7）（4、6）（5、5）（6、4）（7、3）（8、2）（9、1）の9通りである。

よって、1通りと9通りを合わせて10通りである。

正解 3

練習問題

1 最小公倍数が252、積が5292である2つの正整数の最大公約数はいくつか。

- **1** 12
- **2** 24
- **3** 18
- **4** 21
- **5** 63

2 A〜Eが100点満点の試験を受けた。5人の得点についてア〜エのことがわかっているとき、Dの得点は何点か。ただし5人の得点はいずれも整数である。

ア　Aの得点はEの得点の $\dfrac{2}{3}$

イ　Bの得点はEの得点の $\dfrac{3}{5}$

ウ　Cの得点はEの得点の $\dfrac{3}{2}$

エ　Dの得点＝（A〜Cの合計＋11）× $\dfrac{1}{2}$

- **1** 45点
- **2** 47点
- **3** 49点
- **4** 51点
- **5** 53点

解答・解説

1 正解 4

2数の積（A×B）＝（A、Bの最小公倍数）×（A、Bの最大公約数）

最大公約数をxとおくと、
$5292 = 252x$
$x = 21$

2 正解 2

ア～ウをエに代入し、Eに当てはまる数を代入する

①ア～エの条件をまとめる

ア　$A = \dfrac{2}{3}E$、イ　$B = \dfrac{3}{5}E$、ウ　$C = \dfrac{3}{2}E$、

エ　$D = (A + B + C + 11) \times \dfrac{1}{2}$

②ア～ウをエに代入する

$D = (\dfrac{2}{3}E + \dfrac{3}{5}E + \dfrac{3}{2}E + 11) \times \dfrac{1}{2}$

$\quad = (\dfrac{20 + 18 + 45}{30}E + 11) \times \dfrac{1}{2}$

$\quad = (\dfrac{83}{30}E + 11) \times \dfrac{1}{2}$

③Eに30の倍数を代入して答えを確認

Eは30の倍数であるが、Eに60を代入するとD＝88.5となり、整数という条件を満たさない。また、Eが90以上になるとDが100点を超える。

Eに30を代入する。

$D = (\dfrac{83}{30} \times 30 + 11) \times \dfrac{1}{2}$

$D = 47$で確定する。

数的推理

12 整数の性質

103

練習問題

3 ある閏年の元日が土曜日であったとするとその翌年の元日
は何曜日か。

1　日曜日
2　月曜日
3　火曜日
4　水曜日
5　木曜日

4 2024年は閏年で1月1日は月曜日である。次に1月1日
が月曜日になるのはいつか。

1　2029年
2　2030年
3　2031年
4　2032年
5　2033年

解答・解説

3 正解　2

①平年 365日÷7＝52…1
　　平年の元日から翌年の元日は1日ずれる。
②閏年 366日÷7＝52…2
　　閏年の元日から翌年の元日は2日ずれる。
　　閏年の元日が土曜であったとすると、その翌年の元日は
　　2日ずれ月曜日になる。

数的推理

12 整数の性質

4 正解　1

平年は1日ずれ、閏年は2日ずれる

閏年の西暦は4の倍数になる。4の倍数は、下2桁が4の倍数。

2024年の次の閏年は2028年である。

1月1日の曜日を表に整理する。

日	月	火	水	木	金	土
	24年 29年		25年	26年	27年	28年

2024年の次に1月1日が月曜日になるのは、2029年である。

105

練習問題

⑤ 連続する3つの自然数の積が2184であるとき、これらの
3つの自然数の和はいくらか。

    1   33
    2   36
    3   39
    4   42
    5   45

⑥ 17^{47}の一の位は次のうちどれか。

    1   1
    2   2
    3   3
    4   4
    5   5

解答・解説

5 正解　3

選択肢を利用して解く

連続する3つの自然数の和が33であれば10、11、12である。

　①選択肢1「33」

　　　10、11、12の積を検証する。

　　　一の位をかけると$0 \times 1 \times 2 = 0$

　　　一の位が4にならないので不適切。

　②選択肢2「36」

　　　11、12、13の積を検証する。

　　　一の位をかけると$1 \times 2 \times 3 = 6$

　　　一の位が4にならないので不適切。

　③選択肢3「39」

　　　12、13、14の積を検証する。

　　　一の位をかけると$2 \times 3 \times 4 = 24$

　　　一の位が4になる。

　　　$12 \times 13 \times 14 = 2184$

数的推理

12 整数の性質

6 正解　3

一の位の規則性に着目する

　①17の1乗から順に一の位を掛け算する

　②一の位の結果を書き出す

　　7、$7 \times 7 = 49$、$9 \times 7 = 63$、$3 \times 7 = 21$、$1 \times 7 = 7$

　　7、9、3、1、7、9……と続くので7、9、3、1でひと区切り。

　　47乗＝4乗×11＋3乗なので、初めから数えて3つ目の一の位である3が正解である。

107

練習問題

7 ある数Ａ、Ｂの最大公約数が3、ＡをＢで割ったときの値は0.6であるとき、ＡとＢの積はいくらか。

1　135
2　144
3　153
4　162
5　170

8 2桁の正の整数をＡとし、Ａの一の位の数と十の位の数を入れ替えた2桁の正の整数をＢとする。ＡからＢを引くと4の倍数で正の整数となるようなＡはいくつか。

1　3個
2　4個
3　5個
4　6個
5　7個

解答・解説

7 正解　1

A、Bの関係を式にしてからA、Bに数字を代入して条件に合う組み合せを見つける

AをBで割ると0.6なので $\dfrac{A}{B} = \dfrac{6}{10}$

たすきにかけ展開する。$\dfrac{A}{B} \diagup\!\!\!\!\diagdown \dfrac{6}{10}$

$10A = 6B$

約分すると $5A = 3B$

Aに3を代入するとBは5。よってA：B＝3：5

AとBの積は、

A、B＝3、5ならば3×5＝15

A、B＝6、10ならば6×10＝60

A、B＝9、15ならば9×15＝135←選択肢1

9と15の最大公約数は3なので、A、Bは9、15とわかる。

8 正解　4

4の倍数は□×4で表すことができる

$A = 10x + y$

$B = 10y + x$

$A - B = (10x + y) - (10y + x)$

$\qquad = 9x - 9y$

$\qquad = 9(x - y)$ は4の倍数になるため、$x - y$ は4の倍数

$x - y$ が4の場合、x、y の値は（5、1）（6、2）（7、3）（8、4）（9、5）の5通り。

$x - y$ が8の場合、x、y の値は（9、1）の1通り。

合わせて6通りである。

練習問題

9 AとBが同じ日から同じ仕事を始めた。Aは2日出てきて2日休みを繰り返し、Bは3日出てきて3日休みを繰り返した。180日間でAとBが顔を合わせる日は何日あるか。

   1　30日
   2　40日
   3　45日
   4　55日
   5　60日

10 504の約数の個数として、正しいのはどれか。

   1　12個
   2　15個
   3　20個
   4　24個
   5　30個

解答・解説

9 正解　3

Aは4日で1サイクル、Bは6日で1サイクル

A　○○××　○○××　○○××　……

B　○○○×××　○○○×××　……

4と6の最小公倍数は12。12日間のうち3日顔を合わせることになる。

180日間では180÷12＝15

15×3日＝45日顔を合わせる。

10 正解　4

公式を使って約数を数え上げる

正の整数をかけてもとの数になるものが約数である。たとえば10の約数は1、2、5、10の4つである。

504の約数を求めるには、まず504を素因数分解する。

$$
\begin{array}{r}
2\,)\,504 \\ \hline
2\,)\,252 \\ \hline
2\,)\,126 \\ \hline
3\,)\ \ 63 \\ \hline
3\,)\ \ 21 \\ \hline
7
\end{array}
$$

$504 = 2^3 \times 3^2 \times 7^1$

約数の個数は $(3+1) \times (2+1) \times (1+1) = 4 \times 3 \times 2 = 24$

📢〳 **押さえておこう！**

約数の個数の公式

ある正の整数 $A = B^k C^l D^m$ と素因数分解されたとき、Aの約数は $(k+1) \times (l+1) \times (m+1)$ 個ある。

練習問題

11 7種類のランプがあり、それぞれ3秒、4秒、5秒、6秒、7秒、8秒、9秒に1回の周期で点灯する。午後6時ぴったりにすべてのランプを点灯させたとすると、同日午後11時45分ぴったりに点灯するランプは何種類か。

1　3種類
2　4種類
3　5種類
4　6種類
5　7種類

12 中の見えない箱に18種類の商品引換券が同じ枚数入っている。これらの商品引換券はどれも1種類につき5枚集めると1個の商品に換えることができる。この商品引換券をつかみ取りした場合、どんな取り方をしても必ず商品に換えることができるには最低何枚取ればよいか。

1　70枚
2　71枚
3　72枚
4　73枚
5　74枚

| 解答・解説 |

11 正解　3

秒に直してから約数の性質を用いて考える

午後6時から11時45分までの5時間45分＝5×60＋45＝345分
345×60＝20700秒

1分は60秒。3秒、4秒、5秒、6秒は60秒の約数になる。
1分は345分の約数なので、上の4つのランプは点灯することがわかる。

残りを検討する。
9秒　20700秒は各位の和（2＋0＋7＋0＋0）が9のため9の倍数になる。よって点灯する。
8秒　20700÷8＝割り切れない
7秒　20700÷7＝割り切れない

よって、3、4、5、6、9秒の5種類のランプが点灯する。

12 正解　4

最も運が悪い場合を考える

最も運がよい場合、1種類を5枚取れば商品に換えられる。
最も運が悪い場合、18種類を4枚ずつ取って、さらに1枚取れば18種類のどれかが5枚集まる。必ず商品に換えることができるのは、18×4＋1＝73枚つかみ取りした場合である。

数的推理

12 整数の性質

13 最小公倍数

★★★

例題

ある高校で生徒の通学距離を調査したところア〜エのことがわかった。このとき通学距離が2kmより遠く3km以内の人数は何人か。

ア　1km以内の生徒は全体の $\dfrac{4}{13}$

イ　2km以内の生徒は全体の $\dfrac{6}{11}$

ウ　3km以内の生徒は全体の $\dfrac{3}{4}$

エ　1kmより遠く3km以内の生徒は255人以上であった。

1　234人
2　240人
3　243人
4　246人
5　252人

全体の数を考える

1. 条件アから、全体は13の倍数
2. 条件イから、全体は11の倍数
3. 条件ウから、全体は4の倍数

よって全体は13と11と4の公倍数

ヒント 最小公倍数を求めたあとに、公倍数を代入する

①13、11、4の最小公倍数を求める

$13 \times 11 \times 4 = 572$

全体は572の倍数になる。

②2kmより遠く3km以内の人数を求める

3km以内の人数 − 2km以内の人数の式に572の倍数を代入する。

$572 \times \dfrac{3}{4} - 572 \times \dfrac{6}{11} = 117$ は選択肢にないから不適切。

$1144 \times \dfrac{3}{4} - 1144 \times \dfrac{6}{11} = 234$ （選択肢1）

正解 1

練習問題

1 7で割ると6余り、8で割ると7余り、9で割ると8余る数のうち、最小の自然数の各位の和はいくらか。

1   8
2   9
3   10
4   11
5   12

解答・解説

1 正解　1

割る数と余りの差に注目する

$x \div 7 = \square \cdots 6 \quad \rightarrow \quad 7 - 6 = 1$

$x \div 8 = \square \cdots 7 \quad \rightarrow \quad 8 - 7 = 1$

$x \div 9 = \square \cdots 8 \quad \rightarrow \quad 9 - 8 = 1$

割る数（7、8、9）の最小公倍数は$7 \times 8 \times 9 = 504$

割る数と余りの差が1なので、

もとの数は$504 - 1 = 503$

503の各位の和は$5 + 0 + 3 = 8$

押さえておこう！

Aで割るとB余るパターン
割る数と余りの差が等しい場合の解法手順

（例）

$x \div 3 = \square \cdots 2 \quad \rightarrow \quad 3 - 2 = 1$

$x \div 7 = \square \cdots 6 \quad \rightarrow \quad 7 - 6 = 1$

$x \div 11 = \square \cdots 10 \quad \rightarrow \quad 11 - 10 = 1$

①割る数（3、7、11）の最小公倍数を求める

$3 \times 7 \times 11 = 231$

②割る数と余りの差が1であれば、求める数は公倍数－1となる

最小は$231 - 1 = 230$

2番目は$231 \times 2 - 1 = 461$

3番目は$231 \times 3 - 1 = 692$

⋮

練習問題

2 4で割ると1余り、7で割ると4余り、8で割ると5余る最小の自然数を9で割ったときの余りはいくつか。

    1   4

    2   5

    3   6

    4   7

    5   8

3 6で割ると3余り、7で割ると4余り、8で割ると5余る自然数のうち、最も小さい数の各位の数字の積はいくつか。

    1   9

    2   12

    3   18

    4   24

    5   30

解答・解説

2 正解 5

割る数と余りの差に着目する

$x \div 4 = \square \cdots 1 \quad \rightarrow \quad 4 - 1 = 3$

$x \div 7 = \square \cdots 4 \quad \rightarrow \quad 7 - 4 = 3$

$x \div 8 = \square \cdots 5 \quad \rightarrow \quad 8 - 5 = 3$

割る数と余りの差がすべて等しい。

割る数（4、7、8）の最小公倍数は、

$$4\,\overline{)\,4 \quad 7 \quad 8}$$
$$1 \quad 7 \quad 2$$

←割り切れない場合はそのまま下に書く

$4 \times 1 \times 7 \times 2 = 56$

最小の自然数は $56 - 3 = 53$

$53 \div 9 = 5 \cdots 8$

3 正解 5

求める値に注意する

$x \div 6 = \square \cdots 3 \quad \rightarrow \quad 6 - 3 = 3$

$x \div 7 = \square \cdots 4 \quad \rightarrow \quad 7 - 4 = 3$

$x \div 8 = \square \cdots 5 \quad \rightarrow \quad 8 - 5 = 3$

割る数と余りの差がすべて等しい。

割る数（6、7、8）の最小公倍数は、

$$2\,\overline{)\,6 \quad 7 \quad 8}$$
$$3 \quad 7 \quad 4$$

$2 \times 3 \times 7 \times 4 = 168$

最小の自然数は $168 - 3 = 165$

各位の数字の積は $1 \times 6 \times 5 = 30$

練習問題

4 2桁の正の整数で、6で割ると4余り、8で割ると6余る数はいくつあるか。

    1   1個
    2   2個
    3   3個
    4   4個
    5   5個

5 ある講演会で聴衆のために椅子を用意した。椅子の数は100個以下であるが、2列に並べると1個残り、3列に並べると2個残り、以下4列で3個、5列で4個、6列で5個それぞれ残る。7列に並べると何個の椅子が残るか。

    1   1個
    2   2個
    3   3個
    4   4個
    5   5個

解答・解説

4 正解　4

2桁の正の整数という条件に注意する

$x \div 6 = \Box \cdots 4 \quad \rightarrow \quad 6 - 4 = 2$

$x \div 8 = \Box \cdots 6 \quad \rightarrow \quad 8 - 6 = 2$

割る数と余りの差がすべて等しい。

割る数（6、8）の最小公倍数は24

最小は $24 - 2 = 22$、最大は $24 \times 4 - 2 = 94$

よって22、46、70、94の4個となる。

5 正解　3

問題文の見た目が違うだけで構造は一緒

$x \div 2 = \Box \cdots 1 \quad \rightarrow \quad 2 - 1 = 1$

$x \div 3 = \Box \cdots 2 \quad \rightarrow \quad 3 - 2 = 1$

$x \div 4 = \Box \cdots 3 \quad \rightarrow \quad 4 - 3 = 1$

$x \div 5 = \Box \cdots 4 \quad \rightarrow \quad 5 - 4 = 1$

$x \div 6 = \Box \cdots 5 \quad \rightarrow \quad 6 - 5 = 1$

割る数と余りの差がすべて等しい。

割る数（2、3、4、5、6）の最小公倍数は60

椅子の数は $60 - 1 = 59$ 個

$59 \div 7 = 8 \cdots 3$

よって3個の椅子が残る。

練習問題

6 自然数のうち、9で割ると5余り、11で割ると2余る最小の数の各位の和を求めよ。

    1 10
    2 12
    3 14
    4 16
    5 18

解答・解説

6 **正解　3**

割る数と余りの差が等しくない場合は代入法で解く

$x \div 9 = \square \cdots 5$　　→　　$9 - 5 = 4$

$x \div 11 = \square \cdots 2$　　→　　$11 - 2 = 9$

割る数が大きい11に着目してxに該当する数字を代入する。

$11 + 2$、$11 \times 2 + 2$、$11 \times 3 + 2$と、13から11ずつ増えていく。

13、24、35、46、57、68 ……

出てきた値に$\div 9$をして余りが5になるかをチェックすると68$\div 9$で余りが5になる。

よって、68の各位の和は$6 + 8 = 14$である。

◁)) 〉**押さえておこう！**

Aで割るとB余るパターン

割る数と余りの差が等しくない場合の解法手順

（例）

$x \div 3 = \square \cdots 2$　　→　　$3 - 2 = 1$

$x \div 7 = \square \cdots 3$　　→　　$7 - 3 = 4$

$x \div 11 = \square \cdots 5$　　→　　$11 - 5 = 6$

①割る数が大きい11に着目してxに該当する数字を代入する。

　$x = 11 + 5$、$11 \times 2 + 5$、$11 \times 3 + 5$ ……

②出てきた値をその他の2つの式に代入して条件を満たすかチェックする。

16$\div 3$は余り1で不適、27$\div 3$は割り切れるので不適。

38$\div 3$は余り2、38$\div 7$は余り3で条件を満たす。

最小の数は38

2番目に大きいのは38＋（3、7、11の最小公倍数）

3番目に大きいのは38＋（3、7、11の最小公倍数）×2

練習問題

7 5で割ると3余り、4で割ると1余る数は1000〜9999までの間にいくつあるか。

1　446個
2　448個
3　450個
4　452個
5　454個

8 5を足すと8で割り切れ、7を足すと10で割り切れ、9を足すと12で割り切れる数のうち最も小さい3桁の数はいくつか。

1　120
2　121
3　122
4　123
5　124

解答・解説

7 正解 3

割る数と余りの差が等しくないパターン

$x \div 5 = \square \cdots 3 \quad \rightarrow \quad 5 - 3 = 2$

$x \div 4 = \square \cdots 1 \quad \rightarrow \quad 4 - 1 = 3$

割る数と余りの差が等しくないので代入法で考える。

割る数が大きい5に着目した上で、各々当てはめていく。

$x = 8$、13、18、23……

$13 \div 4 = 3 \cdots 1$になるので、条件を満たす。

最小は13、2番目は最小＋最小公倍数、3番目は最小＋最小公倍数×2となる。

条件に当てはまる1000以上の数は、$13 + 20 \times 50 = 1013$が最小値、9999以下の数は、$13 + 20 \times 499 = 9993$が最大値となる。

よって個数は、$499 - 50 + 1 = 450$

（注意）

個数を求める際は「最後の数−最初の数＋1」で求められる。

8 正解 4

代入法で考える

求める3桁の数は $(x + 5) \div 8$、$(x + 7) \div 10$、$(x + 9) \div 12$ すべて割り切れる。

Aで割るとB余るパターンではないが、代入法で探す。

割る数が大きい12に着目する。

$(x + 9) \div 12$　　xの最小の値は3。

$(x + 5) \div 8$、$(x + 7) \div 10$に$x = 3$を代入しても条件を満たす。

よって最小は3。

以降、$3 + (8、10、12の最小公倍数)$で求められる。

したがって、$3 + 120 = 123$が最小の3桁の数。

数的推理

13 最小公倍数

125

年齢算・平均算

例題

両親と子ども2人がいる。現在、両親の年齢の和は長男の年齢の6倍であるが、8年前は14倍であった。6年前には長男の年齢は次男の年齢の1.5倍であった。10年後、両親の年齢の和は子どもの年齢の和の約何倍になるか。

1 2.1倍
2 2.2倍
3 2.3倍
4 2.4倍
5 2.5倍

解法 時間と年齢で方程式を立てる

1. 時間軸とともに方程式を作る
2. 年齢の増減は2人いる場合は、2人分増減させる

   例 3年前の父母の年齢の和は、現在の年齢の和－6歳

解答・解説

 「両親の年齢の和は長男の年齢の6倍」を1つの文字で表す

①現在、両親の年齢の和は長男の年齢の6倍
  両親の年齢の和は$6x$歳、長男の年齢はx歳。

②8年前、両親の年齢の和は長男の年齢の14倍
  $6x - 8 - 8 = 14(x - 8)$
  $x = 12$
  現在、長男の年齢は12歳、両親の年齢の和は72歳。

③6年前には長男の年齢は次男の年齢の1.5倍
  現在、長男の年齢は12歳、次男の年齢はy歳。
  $12 - 6 = 1.5(y - 6)$
  $y = 10$

④10年後の両親の年齢の和は子供の年齢の和の約何倍か
  現在、長男12歳、次男10歳、両親の年齢の和は72歳。
  $(72 + 10 + 10) \div (12 + 10 + 10 + 10)$
  $= 92 \div 42 ≒ 2.19$なので、約2.2倍になる。

正解 2

練習問題

1 両親と3姉妹の5人家族がいる。両親の年齢の和は現在は3姉妹の年齢の和の3倍であるが、6年後には3姉妹の年齢の和の2倍になる。また、4年前には父親と三女の年齢の和は母親、長女及び次女の年齢の和に等しかったとすると現在の母親、長女及び次女の年齢の和は何歳か。

    1   42歳
    2   44歳
    3   46歳
    4   48歳
    5   50歳

2 夫婦と2人の息子がいる。現在、夫婦の年齢の和は息子の年齢の和の4倍であるが、16年後にはそれが2倍となる。また、長男と父親の年齢の和は次男と母親の年齢の和より8歳多い。現在、長男と父親の年齢の和は何歳か。

    1   40歳
    2   42歳
    3   44歳
    4   46歳
    5   48歳

解答・解説

① 正解 5

方程式ごとに文字を変える

①現在の両親の年齢の和は$3x$歳、3姉妹の年齢の和はx歳

6年後、両親の年齢の和は3姉妹の年齢の和の2倍になる。

$3x + 6 + 6 = 2(x + 6 + 6 + 6)$　$x = 24$

よって、現在の両親の年齢の和は72歳、3姉妹の年齢の和は24歳。

②4年前の父親と三女の年齢の和はy歳、母親と長女、次女の年齢の和はy歳

4年前の家族全員年齢の和＝現在の家族全員年齢の和

$- 4 \times 5$人

$y + y = 72 + 24 - 4 \times 5$　$y = 38$

4年前の母親、長女、次女の年齢の和は38歳。

現在の母親、長女及び次女の年齢の和は、

$38 + 4 \times 3 = 50$歳となる。

② 正解 3

はじめに息子の年齢を求める

①夫婦の年齢の和は息子の年齢の和の4倍である

現在の夫婦の年齢の和は$4x$歳、息子の年齢の和はx歳、16年後、夫婦の年齢の和は息子の年齢の和の2倍なので

$4x + 16 + 16 = 2(x + 16 + 16)$　$x = 16$

よって現在の夫婦の年齢の和は64歳、息子の年齢の和は16歳。

②長男と父親の年齢の和は次男と母親の年齢の和より8歳多い

長男と父親の年齢の和は$y + 8$歳、次男と母親の年齢の和はy歳。

4人の年齢の和で式を立てると

$y + 8 + y = 64 + 16$　$y = 36$

よって長男と父親の年齢の和は$36 + 8 = 44$歳。

練習問題

③ ある高校の入学試験の平均点は67点で、不合格者の平均点は61点であった。合格者は全体の2割であったとすると合格者の平均点は何点か。

1　91点
2　90点
3　89点
4　88点
5　87点

④ ある大学の入学試験は倍率15倍であった。受験者全員の平均点と不合格者の平均点の差は1点、合格者の平均点は69点であった。不合格者の平均点は何点か。

1　53点
2　54点
3　55点
4　56点
5　57点

解答・解説

3 正解 1

受験者の人数割合を記入した表を作る

表を作成して埋めていく。受験者のマスには人数の割合を書く。合格者は全体の2割なので、全体が10人なら合格者は2人、不合格者は8人である。

	受験者	平均点
合格者	2	x
不合格者	8	61
全体	10	67

合格者の総得点 + 不合格者の総得点 = 全体の総得点

$(2 \times x) + (8 \times 61) = 10 \times 67$

$x = 91$

4 正解 2

倍率A倍とは、A人のうち（A−1）人落ちるということ

受験者全員の平均点と不合格者の平均点の差では、受験者全員の平均点の方が不合格者の平均点より1点高い。不合格者の平均点をx点とおくと、受験者全員の平均点は$x + 1$点。また、倍率15倍とは、15人受けて1人受かり14人落ちるということである。

	受験者	平均点
合格者	1	69
不合格者	14	x
全体	15	$x + 1$

合格者の総得点 + 不合格者の総得点 = 全体の総得点

$(1 \times 69) + (14 \times x) = 15 \times (x + 1)$

$x = 54$

数的推理

14 年齢算・平均算

練習問題

⑤ ある試験の合格率が40%であり、受験者全員の平均点が60点である。合格者の平均点は合格最低点より15点高く、不合格者の平均点は合格最低点より20点低かった。合格最低点は何点か。

1　63点
2　64点
3　65点
4　66点
5　67点

⑥ A君は数学のテストを何回か受けてきたが、その平均点は74点である。次のテストで98点をとれば平均は75.5点になる。次のテストは初めから数えて何回目になるか。

1　12回目
2　13回目
3　14回目
4　15回目
5　16回目

解答・解説

5 正解　4

合格最低点をxとおく

合格最低点をx点とおくと合格者の平均点は$x+15$点、不合格者の平均点は$x-20$点になる。

	受験者	平均点
合格者	2	$x+15$
不合格者	3	$x-20$
全体	5	60

合格者の総得点＋不合格者の総得点＝全体の総得点

$2\times(x+15)+3\times(x-20)=5\times60$

$x=66$

6 正解　5

これまでのテストの合計得点は
平均点×テストの回数

これまでのテストの回数をx回とし、初めから次のテストまでの合計得点を式に表す。

$74x+98=75.5(x+1)$

$x=15$

次のテストは、

$15+1=16$回目

15 文章題

★★

例題

りんごをいくつかの箱に詰める。9個詰めにすると5個のりんごが余り、13個詰めにすると2個入りの箱ができ、8箱が空き箱となる。各箱同数のりんごを詰め、かつ、余るりんごをないように箱の数を減らすこととした場合、最低何箱減らせばよいか。

1　3箱
2　5箱
3　8箱
4　11箱
5　15箱

解法 方程式を2つ作成。わからないものを文字にする

1. 2つの方程式でりんごの個数を表す
2. 選択肢の中から、りんごの数÷箱の数で割り切れるものを探す

解答・解説

 半端な箱は空き箱にする

①りんごの数をy個、箱の数をx箱とする

9個詰めにすると5個のりんごが余ることから、

$y = 9x + 5$……①

「13個詰めにすると2個入りの箱ができ、8箱が空き箱となる」→2個入りの箱を空き箱にして、余り2と考える。空き箱が1つ増え、9箱となることから、

$y = 13(x - 9) + 2$　①に代入すると、

$13(x - 9) + 2 = 9x + 5$

$x = 30$　①に代入すると、

$y = 275$

②以降、選択肢に当てはめながら解いていく

1）3箱減らす

　　$30 - 3 = 27$箱

　　$275 ÷ 27$は割り切れない。

2）5箱減らす

　　$30 - 5 = 25$箱

　　$275 ÷ 25 = 11$で割り切れるので問題の題意を満たす。

正解 2

練習問題

1 動物の生息数を調べるため、A～Eの5地区で調査した。その結果、ア～エのことが判明したとき、調査終了時、5地区合計で何頭生息しているか。

ア　A地区の生息数はE地区のそれの2倍より20頭少なかった。

イ　B地区の生息数はE地区のそれの半分より50頭多かった。

ウ　C地区の生息数はB地区のそれより70頭多かった。

エ　D地区の生息数にE地区のそれの4倍を加えた数は540頭であった。

1　630頭
2　660頭
3　690頭
4　720頭
5　750頭

2 20gと40gの2種類の球を混ぜ、A、B2つの箱にそれぞれ25個ずついれた。Aの中の20gの球はBの中の40gの球より4個多い。このとき、A、B2つの箱に入っている50個の球の重さの合計は何gか。

1　1400g
2　1420g
3　1440g
4　1460g
5　1480g

解答・解説

1 正解 3

A～E地区の生息数をそれぞれa～eとおく

A地区　$a = 2e - 20$

B地区　$b = \dfrac{e}{2} + 50$

C地区　$c = b + 70$　$b = \dfrac{e}{2} + 50$を代入すると、

　　　　$c = \dfrac{e}{2} + 120$

D地区　$d + 4e = 540$

　　　　$d = 540 - 4e$

E地区　e

5地区の合計は、

$(2e - 20) + (\dfrac{e}{2} + 50) + (\dfrac{e}{2} + 120) + (540 - 4e) + e$

となり、eが消えて690頭

---

2 正解 2

球の個数をxとおく

Aの中の20gの球をx個とすると、Aの中の40gの球は$(25 - x)$個

Bの中の40gの球は、x個より4個少ないので$(x - 4)$個

Bの中の20gの球は、合計25個から$(x - 4)$個を引いた数なので、$25 - (x - 4) = (29 - x)$個

Aの中の20gの球の個数＋Aの中の40gの球の個数＋Bの中の20gの球の個数＋Bの中の40gの球の個数＝50なので、全体の重さは

$20x + 40(25 - x) + 20(29 - x) + 40(x - 4)$となる。

展開するとxが消えて1420g

数的推理

15 文章題

練習問題

3 ある人が533ページの本を5日間で読み終えたが、2日目以降に読んだページ数は次のとおりであった。

2日目：1日目より23ページ多く読んだ。
3日目：2日目より15ページ少なかった。
4日目：3日目の半分しか読まなかった。
5日目：4日目より30ページ多く読んだ。

1日目に読んだページ数は次のうちどれか。
1 109ページ
2 112ページ
3 116ページ
4 120ページ
5 122ページ

4 ジャンケンをして勝ったほうは50m先のゴールに向かって1m前進し、負けたほうは50cm後退するゲームをした。50回ジャンケンをした結果、どちらもゴールには達しなかったが、AはBより24m前方にいた。Aは何回勝ったか。ただし、50回のジャンケンの中に引分けは含まれていない。

1 30回
2 31回
3 32回
4 33回
5 34回

解答・解説

③ 正解 3

1日目に読んだページ数を文字にする

2日目以降に読んだページ数について、それぞれ前日のページ数を基準とした値が示されているが、1日目については何の情報もない。そこで、1日目に読んだページ数を n とすると、

1日目　n

2日目　n + 23

3日目　n + 23 − 15 = n + 8

4日目　(n + 8) ÷ 2

5日目　(n + 8) ÷ 2 + 30

計　　　533ページ

$$n + (n + 23) + (n + 8) + \left(\frac{n + 8}{2}\right) + \left(\frac{n + 8}{2} + 30\right) = 533$$

4n = 464

n = 116ページ

④ 正解 4

Aが勝った回数を文字にする

Aは x 回勝ち、$(50 - x)$ 回負ける。

Bは $(50 - x)$ 回勝ち、x 回負ける。

Aの進んだ距離

$1 \times x - 0.5 \times (50 - x) = 1.5x - 25$

Bの進んだ距離

$1 \times (50 - x) - 0.5 \times x = -1.5x + 50$

Aの進んだ距離 − Bの進んだ距離 = 24mなので、

$(1.5x - 25) - (-1.5x + 50) = 24$

$3x = 99$

$x = 33$回

練習問題

5. ある博物館の入場料は大人2000円、学生1200円、小人800円で、20名以上の団体には20%の団体割引がある。今日の入館者は全体で1160人で、大人は小人の6倍、学生は小人の2倍より80人多かった。入場料の合計は189万1200円で、団体割引で入館したのは学生だけであった。何人の学生が団体割引であったか。

1　100人
2　120人
3　140人
4　160人
5　180人

6. 縦12m、横15mの長方形の敷地内に、図のように私道を設けると、道幅はいくらか。なお、道幅はどの位置も同じとする。

1　1.0m
2　1.2m
3　1.5m
4　1.8m
5　2.0m

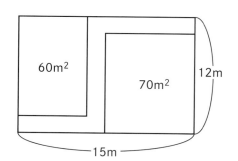

解答・解説

⑤ 正解　2

小人の入館者数を文字にする

　小人の入館者数をnとすると、

　大人のそれは6n、学生のそれは2n+80となる。

　入館者は全体で1160人なので

　6n+（2n+80）+n=1160

　9n=1080　　n=120

　よって大人が720人、学生が320人、小人が120人。

　320人の学生のうち、団体割引をs人とすると、

　その入場料は1200×0.8=960円

　入場料の合計は189万1200円なので

　（2000円×720人）+（960円×s人）+｛1200円×（320−s人）｝+（800円×120人）=1891200円

　s=120人

⑥ 正解　5

敷地面積−（60m² + 70m²）=私道の面積

　敷地の面積は12×15=180

　私道の面積は180−（60+70）=50

　道幅をxmとすると、

　横の私道の面積は15x

　縦の私道の面積はx（12−x）

　私道の面積は50なので

　$15x + x(12-x) = 50$　　$27x - x^2 - 50 = 0$

　$x^2 - 27x + 50 = 0$　　これを因数分解すると

　$(x-2)(x-25) = 0$

　ここでは道幅が0より大きく12より小さいので、$x=2$

　なお、因数分解が苦手な場合は、xに各選択肢の数を代入して計算すればよい。

練習問題

7 ある運送会社で荷物を運ぶのにトラックを1日18台ずつ
使うと、25日目に運び終わる。平日15台、土日に24台
ずつトラックを使うとき、月曜日から運び始めると終わる
のは何週目の何曜日の可能性があるか。

   1   4週目の月曜日か火曜日

   2   4週目の火曜日か水曜日

   3   4週目の水曜日か木曜日

   4   4週目の木曜日か金曜日

   5   4週目の金曜日か土曜日

8 S店では1箱3袋入りのレトルト食品Aが600円で販売さ
れている。その箱にはバーコードが印刷してあり、それを
切り取って4箱分集めて持参すると3袋入りのA1箱と交
換してくれる。Aを全部で100袋以上にするには最低い
くらのお金が必要か。

   1   15000円

   2   15600円

   3   16200円

   4   16800円

   5   17400円

解答・解説

7 正解 5

トラックの台数の範囲を考える

①トラックののべ台数をx台とする

1日18台ずつ使うと25日目に運び終わるということは、24日目までは18台ずつ使い、25日目は1〜18台使ったことになる。トラックののべ台数の範囲は、

$18 \times 24 + 1 \leqq x \leqq 18 \times 24 + 18$

$433 \leqq x \leqq 450 \cdots ①$

1週間に使うトラックの台数は

15台$\times 5$（月〜金）$+ 24$台$\times 2$（土日）$= 123$台

3週間に使うトラックの台数は

$123 \times 3 = 369$台

②4週目を考える

木曜日は、$369 + 15 \times 4 = 429$台で①の条件に合わない。

金曜日は、$429 + 15 = 444$台なので430〜444台

土曜日は、$444 + 24 = 468$台なので445〜468台

$433 \leqq x \leqq 450$を満たすのは、4週目の金曜日か土曜日である。

8 正解 2

状況を書き出して規則性を見つける

①4箱（12袋）＝2400円

②サービス分1箱（3袋）＋3箱（9袋）＝1800円

以降も同じ繰り返しである。

よって、最初は2400円、2回目以降は1800円で100袋を超えない買い方を探すと、最初の12袋と2回目以降の12袋×7の84袋で96袋となる。これにサービス分1箱（3袋）と1箱購入（3袋）で合計102袋となる。

2400円$+ 1800$円$\times 7 + 0$円$+ 600$円$= 15600$円

数的推理

15 文章題

143

練習問題

9 あるチケットを1日目には「全席＋1」の半分を、2日目以降は「残り＋1」の半分を発売したところ、7日目に1席のみ残っていた。このとき、全席数はいくつか。

1　127席
2　177席
3　255席
4　383席
5　511席

解答・解説

9 **正解　3**

選択肢を代入して検証する

①選択肢1（127席）の場合

	発売数	残り
1日目	$(127+1)\div2=64$席	$127-64=63$席
2日目	$(63+1)\div2=32$席	$63-32=31$席
3日目	16席	15席
4日目	8席	7席
5日目	4席	3席
6日目	2席	1席
7日目	1席	0席

7日目に残り0席なので、1席という要件を満たさず不適切。

②**6日目に残り1席だった点に着目する**

1日目の発売数が2倍（128×2）であれば、7日目に1席残る。

そこで、$128\times2-1=255$（選択肢3）を検証する。

	発売数	残り
1日目	$(255+1)\div2=128$席	$255-128=127$席
2日目	$(127+1)\div2=64$席	$127-64=63$席
3日目	$(63+1)\div2=32$席	$63-32=31$席
4日目	16席	15席
5日目	8席	7席
6日目	4席	3席
7日目	2席	1席

数的推理

15 文章題

16 不定方程式

★★★

例題

80円、30円、10円の3種類の切手を合わせて30枚、合計金額が1640円になるように買い求めたい。このような条件を満たす切手の買い方の組合せは何通りあるか。

1　1通り
2　2通り
3　3通り
4　4通り
5　5通り

146

文字の係数を揃えて その文字を消す

1. 問題を式で表す
2. 引き算で文字を消す
3. 残った文字に数字を代入して答えを探す

解答・解説

 正の整数を代入する規則性を見つける

①80円切手x枚、30円切手y枚、10円切手z枚と置く

(1) 切手合計30枚 $\longrightarrow x+y+z=30$

(2) 金額合計1640円 $\longrightarrow 80x+30y+10z=1640$
両辺を$\div 10$すると $8x+3y+z=164$

② (2) - (1)

$$8x+3y+z=164$$
$$-)\ \ x+\ y+z=\ \ 30$$
$$\overline{7x+2y\ \ \ \ \ \ \ =134}$$

$2y=134-7x$

$y=67-\dfrac{7x}{2}$

$x=2$の倍数であることがわかるので、合計枚数が30になるx、y、zの組み合わせを探す。

x	2	4	6	8	10	12	14	16	18	20
y	60	53	46	39	32	25	18	11	4	-3
z	-32	-27	-22	-17	-12	-7	-2	3	8	13

正の整数で条件を満たす2通りが該当する

正解 2

練習問題

1. 大、中、小3種類の箱が全部で32箱ある。これらの箱の中に合計9600個の製品が入っている。大箱は400個入り、中箱は300個入り、小箱は250個入りである。また、大箱の数は中箱より少なく、中箱の数は小箱より少ない。このとき、大箱と中箱の差はいくらか。

    1　1箱
    2　2箱
    3　3箱
    4　4箱
    5　5箱

解答・解説

① 正解　4

式を簡略化して、当てはまる整数解を探す

大箱（400個入り）／ x箱

中箱（300個入り）／ y箱

小箱（250個入り）／ z箱

①全部で32箱

$x + y + z = 32 \cdots (1)$

②製品の数は合計9600個

$400x + 300y + 250z = 9600$

両辺に $\div 10$ すると $40x + 30y + 25z = 960 \cdots (2)$

③（2）－（1）

$$
\begin{array}{r}
40x + 30y + 25z = 960 \\
-)\ 25x + 25y + 25z = 800 \\
\hline
15x + \ \ 5y \qquad\quad = 160
\end{array}
$$

両辺を $\div 5$ すると $3x + y = 32$

$y = 32 - 3x$

yは正の整数なので、$x = 1 \sim 10$ だとわかる。

x	1	2	3	4	5	6	7	8	9	10
y	29	26	23	20	17	14	11	8	5	2
z	2	4	6	8	10	12	14	16	18	20

大箱は中箱より少なく、中箱は小箱より少ないので、$x < y < z$ を満たすのは、$(x 、y 、z) = (7 、11 、14)$

よって大箱と中箱の差は　　　$11 - 7 = 4$箱

練習問題

2 3桁の自然数のうち、297を引くと各位の数字の順序が逆になるものはいくつあるか。

　　1　54個
　　2　56個
　　3　58個
　　4　60個
　　5　62個

3 1個70円のみかんと1個130円のりんごを買って代金の合計が9100円になるような買い方は何通りあるか。ただし、りんご、みかんとも少なくとも1個は買うものとする。

　　1　8通り
　　2　9通り
　　3　10通り
　　4　11通り
　　5　12通り

解答・解説

② 正解　4

3桁の自然数を文字で表して式を立てる

元の自然数の百の位をx、十の位をy、一の位をzとすると、
$$100x + 10y + z$$
各位の数字が逆になると
$$100z + 10y + x$$
$$(100x + 10y + z) - 297 = (100z + 10y + x)$$
$$99x - 99z = 297 \quad 両辺を \div 99 すると x - z = 3$$
$$x = z + 3$$
xは1〜9のいずれかなので、zは1〜6のいずれかである。

※注意：xもzも0の可能性はない。百の位が0になることはないからである。

$z = 1$を代入すると、$x = 4$、$y = 0$〜9の10通り

401、411、421、431、441、451、461、471、481、491
である。

$z = 2$以降も同様に10通りずつ

よって、$10 \times 6 = 60$通り

---

③ 正解　2

解が整数であることを利用する

みかん　　70円 x個
りんご　　130円 y個
$$70x + 130y = 9100$$
両辺を $\div 10$ すると $7x + 13y = 910$
$$13y = 910 - 7x$$
$$y = 70 - \frac{7x}{13}$$

xは13の倍数だが、13の10倍だとyが0になるので不適。よってxは13の1倍〜9倍の9通り

数的推理

16 不定方程式

17 平均速度・通過算

例題

A君の家からB地点まで下り坂が続き、B地点からC君の家まで上り坂が続く道がある。この道を、下り坂は時速60km、上り坂は時速40kmでバイクで往復したところ、50分かかった。途中でC君の家に5分立ち寄ったがそれ以外は走り続けたとすると、A君の家からC君の家までの距離は何kmか。

1 16km
2 18km
3 20km
4 22km
5 24km

解法 速さの公式をマスターする

1. 距離＝速さ×時間
2. 時間＝距離÷速さ
3. 速さ＝距離÷時間

解答・解説

ヒント 往復にかかった時間は45分

①A～Bを$x$km、B～Cを$y$kmとする

行きは下り坂A～B、上り坂B～C。

帰りは下り坂C～B、上り坂B～A。

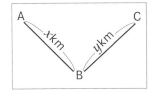

下り坂は時速60km、上り坂は時速40km。

②往復45分で式を立てる

45分を時間で表すと $\dfrac{3}{4}$ 時間。

$$\underbrace{\left(\dfrac{x}{60}+\dfrac{y}{40}\right)}_{行きの時間}+\underbrace{\left(\dfrac{y}{60}+\dfrac{x}{40}\right)}_{帰りの時間}=\dfrac{3}{4}$$

通分して整理すると $\dfrac{(5x+5y)}{120}=\dfrac{3}{4}$

両辺に×120して、　　$5x+5y=90$

両辺を÷5して、　　　$x+y=18$

正解 2

練習問題

1 甲村に住むAは、峠を挟んだ乙町まで行って帰ってきた。上り坂は毎時4km、下り坂は毎時5kmの速さで歩いたが、帰りは峠で15分間休憩したため、行きも帰りも3時間30分かかった。甲村から乙町までの道のりは何kmか。

1　12km
2　13km
3　14km
4　15km
5　16km

2 ある人が自転車で48km離れた地点へ、行きは時速12km、到着してすぐに引き返して帰りは時速8kmで戻ってきた。往復を通じての平均速度は時速何kmか。

1　10.5km/時
2　10.3km/時
3　10.1km/時
4　　9.8km/時
5　　9.6km/時

解答・解説

① 正解　4

行きと帰りでそれぞれ式を立てる

甲村〜峠を$x$km、峠〜乙町を$y$kmとすると、

行きの所要時間 $= \dfrac{x}{4} + \dfrac{y}{5} = \dfrac{7}{2}$ 時間……①

帰りの所要時間 $= \dfrac{x}{5} + \dfrac{y}{4} = \dfrac{13}{4}$ 時間……②

式①、式②とも両辺を×20すると、

$5x + 4y = 70$……①'

$4x + 5y = 65$……②'

（①'×5）−（②'×4）

$$
\begin{array}{r}
25x + 20y = 350 \\
-)\ 16x + 20y = 260 \\
\hline
9x \qquad\quad = 90
\end{array}
$$

$x = 10$　これを①'または②'に代入して $y = 5$

よって $10 + 5 = 15$km

② 正解　5

往復にかかった時間を出して平均速度を求める

距離48km

行きの所要時間 $= 48 \div 12 = 4$時間

帰りの所要時間 $= 48 \div 8 = 6$時間

往復の距離÷往復の時間=往復の平均速度

$(48 \times 2) \div 10 = 9.6$km/時

数的推理

17 平均速度・通過算

練習問題

③ A君は自宅からコンビニを通過してB君の家まで自動車で行った。自宅からコンビニまでの平均速度は60km/時、コンビニからB君の家までの平均速度は40km/時である。また、自宅からコンビニまでとコンビニからB君の家までの道のりの比は1：2で、途中一度も止まらなかったとすると、自宅からB君の家までの平均速度は何km/時か。

1　42.5km/時
2　45km/時
3　50km/時
4　52.5km/時
5　55km/時

④ 地点A～Bが上り坂、地点B～Cが下り坂の一本道がある。地点Aを自転車で出発し、地点Cで15分休憩後、折り返し、復路地点Bで8分休憩後、地点Aに戻ったところ、1時間15分かかった。地点A～Cの距離はいくらか。ただし上り坂は時速6km、下り坂は時速20kmで走行したものとする。

1　3250m
2　3500m
3　3750m
4　4000m
5　4250m

解答・解説

③ 正解　2

自宅からBくんの家までにかかった時間を出す

　　　　　　自宅 ————— コンビニ ————————— B
速さ　　　　　60km/時　　　　　　　40km/時
距離　　　　　　x　　　　　　　　　　$2x$

（1）自宅〜Bの所要時間

$$\frac{x}{60} + \frac{2x}{40} = \frac{8x}{120} = \frac{x}{15}$$

（2）自宅〜Bの平均速度

$$3x \div \frac{x}{15} = 45\text{km/時}$$

④ 正解　4

A〜Cの往復にかかった時間を出す

　　　　　　　　　上り　　　　下り
速さ　　　　　6km/時　　　20km/時

休憩を除いた所要時間は75分−

（15分＋8分）＝52分＝$\frac{52}{60}$時間

A〜Cの往復の時間は、

$$\frac{x}{6} + \frac{y}{20} + \frac{y}{6} + \frac{x}{20} = \frac{52}{60}$$

両辺に×60すると、

$10x + 3y + 10y + 3x = 52$

$13x + 13y = 52$

両辺を13で割ると、

$x + y = 4$

よって4000mとなる。

練習問題

5 一定の速度で走る列車の先頭が長さ360mのトンネルに
入り始めてから最後尾が通り終えるまで24秒かかり、長
さ200mの鉄橋を渡り始めてから最後尾が渡り終えるま
で16秒かかった。この列車の長さは何mか。

1 110m
2 120m
3 130m
4 140m
5 150m

6 A君の部屋からは電車の通る鉄橋が見える。ある日この鉄
橋を見ていると電車が鉄橋にさしかかってから完全に通過
し終わるまで90秒かかった。あとで調べるとこのときの
電車の長さは320mであり、速さは秒速15mであった。
鉄橋の長さは何mか。

1 830m
2 930m
3 1030m
4 1130m
5 1230m

解答・解説

5 正解　2

距離＝時間×速さ の公式を使う

列車の長さをxm、
列車の速さをym/秒とする。
（1）長さ360mのトンネルを24秒で通り終えた。
$360 + x = 24y$
（2）長さ200mの鉄橋を16秒で渡り終えた。
$200 + x = 16y$
（1）－（2）
$8y = 160$
$y = 20$を（1）または（2）に代入すると
$x = 120$

📢 押さえておこう！

通過算
列車がトンネルに入り始めてから通り終えるまでに進む距離＝トンネルの長さ＋列車の長さ

6 正解　3

電車が進む距離＝鉄橋の長さ＋電車の長さ

電車の長さは320m、鉄橋の長さをxmとし、
電車の速さは15m/秒なので
$x + 320 = 15 \times 90$
$x = 1030$

練習問題

7 一定の速さで走っている列車が長さ360mのトンネルに入り始めてから完全に抜け出るまで24秒かかり、長さ480mのトンネルでは30秒かかる。同じ列車が2倍の速さで長さ720mのトンネルに入ったとき、入り始めから完全に抜け出るまでに要する時間は何秒か。

1　18秒
2　19秒
3　20秒
4　21秒
5　22秒

解答・解説

7 正解　4

列車の長さと速さを文字にする

① 長さ360mのトンネルに入り始めてから完全に抜け出るまで24秒かかる

列車の長さをxm、列車の速さをym/秒とする。

$x + 360 = 24y$ ……（1）

② 長さ480mのトンネルでは30秒かかる

$x + 480 = 30y$ ……（2）

（2）−（1）

$120 = 6y$

$y = 20$を（1）または（2）に代入すると、$x = 120$m

③ 同じ列車が2倍の速さで長さ720mのトンネルを抜け出るのに要する時間

列車の長さは120m、速さは2倍なので$20 \times 2 = 40$m/秒
時間をz秒とする。

$120 + 720 = 40z$

$z = 21$

押さえておこう！

時間・分・秒の変換

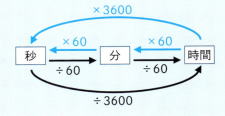

練習問題

8 一定の速度で走っている列車の先頭が、長さ200mのトンネルに入り始めてから最後部が出終わるまでに20秒かかり、長さ125mの鉄橋を渡り始めてから最後部が渡り終わるまでに15秒かかった。この列車の長さと速度の組合せとして正しいものは、次のうちどれか。

	長さ	速度
1	85m	60km/時
2	96m	45km/時
3	100m	54km/時
4	120m	45km/時
5	130m	60km/時

解答・解説

8 正解　3

速度の単位変更に注意する

①列車の長さをxm、列車の速さをym/秒とする

トンネルの長さは200m、通り抜けるのに20秒

$x + 200 = 20y$……（1）

鉄橋の長さは125m、渡り終えるのに15秒

$x + 125 = 15y$……（2）

（1）－（2）

$5y = 75$

$y = 15$を（1）または（2）に代入すると、

$x = 100$

②15m/秒をkm/時に変換

$15 \times 60 \times 60 \div 1000 = 54$km/時

押さえておこう！

速さの単位変換

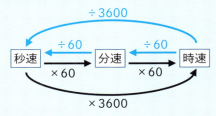

距離の単位変換

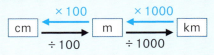

18 流水算

例題

川の上流のＡ地点から下流のＢ地点まで船で往復したところ、行きは3時間、帰りは4時間半かかった。Ａ地点からＢ地点までの距離が54km、静水時の船の速さが15km/時であったとすると、川の流れの速さは何km/時か。

1　2km/時
2　3km/時
3　4km/時
4　5km/時
5　6km/時

流水算は、川の流れの速さを足すか引く

1. 下りの船の速さ＝静水時の船の速さ＋川の流れの速さ
2. 上りの船の速さ＝静水時の船の速さ－川の流れの速さ

※静水時の速さとは川の流れがない時の船の速さのこと。
静水時の船の速さ＝（下りの速さ＋上りの速さ）÷2

解答・解説

ヒント 比を使って解いていく

①進んだ距離が等しい場合、時間比と速さ比は逆比の関係

上りと下りは進んだ距離が等しいので
上りと下りの時間比の逆比＝速さ比となる。
上りと下りの時間比は4.5：3＝3：2
上りと下りの速さ比は2：3

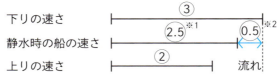

※1）下りと上りの速さの中間が静水時の船の速さ
　　（3＋2）÷2＝2.5
※2）下り＝静水時の船の速さ＋流れの速さ
　　3＝2.5＋t　　t＝0.5

②静水時の船の速さと流れの速さ比は5：1

静水時の船の速さは15km/時、流れの速さを x km/時とすると
5：1＝15：x　　x＝3

正解 2

練習問題

1 ある船が川のＡ、Ｂ２地点間を移動するのに、通常時において上り30分、下り20分かかる。あるときに積荷が重かったために静水時の速さが半分になった。このときにＡからＢ地点に上るのに何分かかるか。

    1   50分
    2   60分
    3   70分
    4   80分
    5   90分

2 一定方向に一定の速さで動く歩道がある。Ａ君がこの歩道を歩くにあたって、歩道と同じ向きに歩いたら24秒、歩道と逆向きに歩いたら36秒かかった。この歩道が停止しているとき、Ａ君は何秒で歩くことができるか。

    1   27.6秒
    2   28秒
    3   28.8秒
    4   30秒
    5   31.2秒

解答・解説

1 正解　4

下りと上りは進んだ距離が等しい

　①**時間比と速さ比は逆比**

　　　上りと下りの時間比は3：2、速さ比は2：3

　　　下りの速さ　　　　3

　　　静水時の船の速さ　2.5　流れの速さ0.5

　　　上りの速さ　　　　2

　　　※静水時の船の速さは $(3+2) \div 2 = 2.5$、流れ $= 3 - 2.5 = 0.5$

　　　静水時の速さが半分になると、$\dfrac{5}{2} \times \dfrac{1}{2} = \dfrac{5}{4}$

　　　流れの速さは、$0.5 = \dfrac{1}{2} = \dfrac{2}{4}$

　　　下りの速さは、$\dfrac{5}{4} + \dfrac{2}{4} = \dfrac{7}{4}$

　　　上りの速さは、$\dfrac{5}{4} - \dfrac{2}{4} = \dfrac{3}{4}$

　②**A～B地点の距離を出してから、上りの時間を求める**

　　　距離 $=$ 上りの速さ $\times$ 上りの時間 $= 2 \times 30 = 60$

　　　求める上りの時間 $= 60 \div \dfrac{3}{4} = 60 \times \dfrac{4}{3} = 80$分

2 正解　3

歩道が動く向きと同じ向きに歩くときを下りとする

　①**進んだ距離が等しいので、時間比と速さ比は逆比**

　　　下りと上りの時間比は2：3、速さ比は3：2

　　　下りの速さ　　　　3

　　　A君の歩く速さ　2.5　歩道の動く速さ0.5

　　　上りの速さ　　　　2

　②**歩道の距離を出してから、A君の歩く時間を求める**

　　　歩道の距離　$24 \times 3 = 72$

　　　A君の歩く時間 $= 72 \div 2.5 = 28.8$

数的推理

18
流水算

練習問題

③ ある川に沿ってＡ、Ｂ２つの町があり、Ａ町はＢ町の下流にある。静水時の速さが時速36kmの船がＡ町を出発してＢ町との間を往復する。Ａ町からＢ町まで30分、Ｂ町からＡ町まで20分かかったとすると、川の流れの速さは時速何kmか。

1　3.6km/時
2　4.8km/時
3　5.4km/時
4　6.0km/時
5　7.2km/時

④ 静水時の速さが一定である船が、流れの速さが一定の川の２地点間を往復しており、上りと下りの所要時間比は５：３である。静水時の速さがこの船の２分の１である船が同じ川を往復するとき、上りと下りの所要時間比はいくらか。

1　2：1
2　3：1
3　4：1
4　5：2
5　8：3

解答・解説

③ 正解　5

A町～B町を川上り30分、川下り20分
　①進んだ距離が等しいので、時間比と速さは逆比の関係
　　　上りと下りの時間比は3：2、速さ比は2：3
　　　下りの速さ　　　　3
　　　静水時の船の速さ　2.5　流れの速さ0.5
　　　上りの速さ　　　　2
　②比ではなく実際の速さは、静水時の船の速さ＝36km/時、流れの速さ＝x km/時
　　　比例式にすると
　　　$2.5：0.5 = 36：x$
　　　$2.5x = 36 \times 0.5$
　　　$x = 7.2$

数的推理

18
流水算

④ 正解　2

進んだ距離が等しいので、時間比と速さ比は逆比
　①上りと下りの時間比は5：3、速さ比は3：5
　　　上りの速さ　　　3
　　　静水での速さ　　4　流れの速さ1
　　　下りの速さ　　　5
　②静水での速さが半分の船の場合
　　　上りの速さ　　　　1
　　　静水での速さ　　$4 \times \dfrac{1}{2} = 2$　流れの速さ1
　　　下りの速さ　　　　3

　　　上りと下りの速さ比が1：3なので、時間比は逆比の3：1

169

練習問題

5 時速8kmで流れる川がある。この川の上流と下流にある2地点間を往復する船が、上りは静水時の船の速さの1.5倍の速さで運行した。上りは下りの2倍の時間かかったとすると、静水時の船の速さは何km/時か。

 1　6km/時
 2　7km/時
 3　8km/時
 4　10km/時
 5　12km/時

6 A町からB町へ直線の川が流れている。A町からB町までの距離は12kmであり、川の流れは時速4kmである。静水時での速さが時速16kmの船でA町とB町を往復したとすると、何時間何分かかるか。

 1　1時間24分
 2　1時間36分
 3　1時間48分
 4　2時間12分
 5　2時間24分

解答・解説

5 正解　5

下りと上りの速さを文字を使って表す

静水時の船の速さをx km/時とする。

流れの速さは8km/時なので

下りの速さは（$x+8$）km/時

静水時の船の速さの1.5倍は1.5x km/時

流れの速さは8km/時なので、

上りの速さは（1.5$x-8$）km/時

上りと下りは進んだ距離が等しいので、時間比と速さ比は逆比の関係である。

下り：上りの時間比は1：2、速さ比は2：1

下り：上りの速さ比で比例式を作ると、

$2:1=（x+8）:（1.5x-8）$

$3x-16=x+8$

$2x=24$

$x=12$

6 正解　2

速さの公式で往復の時間を求める

静水時の船の速さ＝16km/時、流れの速さ＝4km/時

下りの速さは16＋4＝20km/時

上りの速さは16－4＝12km/時

上りの時間＋下りの時間

$$\frac{12}{12}+\frac{12}{20}=1+\frac{3}{5}\ 時間$$

$$\frac{3}{5}\times60=36なので、1+\frac{3}{5}\ 時間は1時間36分$$

練習問題

7 ある川に沿って44km離れた2地点間をモーターボートで移動したときに、川を上る途中でエンジンが20分間止まってしまった。上りに2時間、下りに1時間かかったとすると川の流れは時速何kmか。

1　4km/時
2　6km/時
3　8km/時
4　10km/時
5　12km/時

解答・解説

7 正解　3

エンジンが止まっている間は川の流れに乗る

静水時の船の速さを x km/時、流れの速さを y km/時とする。

下りの船の速さ＝静水時の船の速さ＋流れの速さ
　　　　　　　　＝ $x + y$

上りの船の速さ＝静水時の船の速さ−流れの速さ
　　　　　　　　＝ $x - y$

下流〜上流の距離は44km

下流　　　　　川上り　　　　エンジン故障　　　　　　　上流

↳流れ

　　　　　　　　　　　　　川上り

※注意：上りに船で走った距離は44kmより長い。

上りで船が進んだ距離−途中で流された距離＝44km

エンジンが止まっていたのは20分間＝ $\dfrac{1}{3}$ 時間

上りの時間は $2 - \dfrac{1}{3} = \dfrac{5}{3}$ 時間

$$\frac{5}{3}(x - y) - \left(\frac{1}{3} \times y\right) = 44 \cdots\cdots\cdots (1)$$

下りは44kmを1時間で移動したので
$1(x + y) = 44$
式を展開して $x = 44 - y$ を（1）に代入
$y = 8$

19 旅人算・相対速度

例題

周囲1kmの池の周りをAとBの2人がそれぞれ一定の速さで歩いた。同じ場所から同時に出発し、それぞれが反対方向に回った場合には6分ごとに出会い、同じ方向に回った場合には30分ごとにAがBを追い抜いたとき、Aの歩いた速さとして正しいものはどれか。

1 4km/時
2 4.5km/時
3 6km/時
4 7.5km/時
5 8km/時

円周上の旅人算の公式を使って解く

❶ AがBを追い抜くまでにかかる時間
追い抜きは「速さの差」
円周＝時間×速さの差

❷ AがBと出会うまでにかかる時間
出会いは「速さの和」
円周＝時間×速さの和

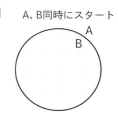

解答・解説

ヒント 旅人算の追い越しと出会いの式を作り答えを出す

Aの速さを x km/時　Bの速さを y km/時とする。
1周1 km

①出会うまでの時間は6分（ $\frac{1}{10}$ 時間）

出会いは「速さの和」　$1 = \frac{1}{10}(x+y)$

$10 = x + y$ …(1)

②追い抜くまでの時間は30分（ $\frac{1}{2}$ 時間）

追い抜きは「速さの差」　$1 = \frac{1}{2}(x-y)$

$2 = x - y$ …(2)
(1)＋(2)
$2x = 12$　$x = 6$

正解 **3**

練習問題

1 A、B、Cの3人が池の周りをジョギングしている。Aは毎分120mの速さで走り、BとCは同じ速さで走っている。Aは、Bに8分ごとに追い抜かれ、Cとは2分ごとに出会う。池の周囲は何mあるか。

    1   400m
    2   480m
    3   560m
    4   640m
    5   720m

2 西町と東町は10.5kmの道で結ばれている。いま、この道を、Aは西町から毎時4.2kmの速さで、Bは東町から毎時4.8kmの速さで同時に出発し、ともに30分歩いて10分休むを繰り返すと、2人が出会うまでに何分かかるか。

    1   85分
    2   88分
    3   90分
    4   92分
    5   95分

解答・解説

1 正解 4

「追い抜き」と「出会い」で式を立てる

A：120m/分、B：x m/分、C：x m/分

池の周囲：y m

①AはBに8分ごとに追い抜かされる

$y = 8(x - 120)$ … (1)

※注意：Bの方がAより速いのでBの速さ − Aの速さ

②AはCと2分ごとに出会う

$y = 2(120 + x)$ … (2)

(1) を (2) に代入すると、

$8(x - 120) = 2(120 + x)$

$x = 200$

$x = 200$を (1) または (2) に代入すると、

$y = 640$

2 正解 3

まずは休む時間を無視して考える

2人が出会うまでに要する時間を t とすると、

$t(4.2 + 4.8) = 10.5$

$9t = 10.5$

$t = \dfrac{105}{90} = \dfrac{7}{6} = (1 + \dfrac{1}{6})$時間 $= 70$ 分

30分歩いて10分休むので、70分歩くと

30歩 + 10休 + 30歩 + 10休 + 10歩 = 90分

数的推理

19 旅人算・相対速度

練習問題

③ あるグラウンドの周りをAは時速12kmで、Bは時速18kmで同じ地点から同じ方向に同時に走り始め、10分後にBがAを追い越した。この2人が同じグラウンドの周りを同じ地点から反対方向に同時に走り始めると何分後に出会うか。

1   1分30秒
2   2分
3   2分30秒
4   3分
5   4分

④ P地点とQ地点は33km離れている。AはP地点からQ地点に向かって出発し、同時にBもQ地点からP地点に向かって出発した。途中A、Bがすれ違ってから72分後にAはQ地点に、50分後にBはP地点に到着した。Aの速さは毎時何kmか。

1   10km/時
2   12km/時
3   15km/時
4   18km/時
5   20km/時

解答・解説

3 正解　2

円周＝時間×速さの差（or和）

①10分後にBがAを追い越した

1周の距離を x km とする。

$x = \dfrac{1}{6}(18 - 12)$

$x = 1$

②2人が反対方向に走って途中で出会う

出会うまでの時間を y とする。

$1 = y(18 + 12)$

$y = \dfrac{1}{30}$ 時間 ＝ 2分

4 正解　3

出会いは「速さの和」

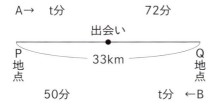

$t : 50 = 72 : t$

$t^2 = 3600$

$t = 60$ 分

Aがかかった時間 ＝ 60 ＋ 72 ＝ 132分

$132 \div 60 = \dfrac{11}{5}$ 時間

Aの速さは $33 \div \dfrac{11}{5} = 33 \times \dfrac{5}{11} = 15$ km/時

練習問題

5 長さ20mの2つの船が、一方は上流から、他方は下流から進んできて平行にすれ違った。2つの船の静水時の速さは等しく川の流れの速さの2倍である。川岸に座っている人から見たときに2つの船がすれ違い始めてからすれ違い終わるまでに上流から進んだ距離は何mか。

1 15m
2 20m
3 25m
4 30m
5 35m

解答・解説

⑤ 正解　4

2つのものが動くとき、片方の動きを止めて考える

流れの速さ　x
静水時の船の速さ　$2x$
下りの船の速さ　$2x + x = 3x$
上りの船の速さ　$2x - x = x$
すれ違い始めから終わりまで
進んだ距離は2つの船の長さの和　$20 + 20 = 40$
すれ違うのにかかった時間は $40 \div (3x + x) = \dfrac{10}{x}$

上流から進んだ距離 $= 3x \times \dfrac{10}{x} = 30$

📢 押さえておこう！

相対速度

2つの列車がすれ違いきるまでに進む距離
＝2つの列車の長さの和

※すれ違いの速さは2つの列車の速さの和（旅人算の出会いと同じ）。

列車が列車を追い越しきるまでに進む距離
＝2つの列車の長さの和

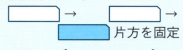

※追い越しの速さは2つの列車の速さの差（旅人算の追い越しと同じ）。

20 仕事算・ニュートン算

例題

ある空の貯水タンクに水を満たすとき、A、B2つの管を使うと15時間かかり、Aだけ使うと20時間かかる。いまA、B両方を使って水を入れ始めた。途中でAから水が出なくなったので、その後はBだけで水を入れ続けたところ、空の状態から満水になるまで33時間かかった。A、B両方使った時間は何時間か。

1　8時間
2　9時間
3　10時間
4　11時間
5　15時間

仕事の完成を1とおく

> 例 仕事の完成に3日かかるのであれば、1日あたりの仕事量は $\frac{1}{3}$ となる。
>
> $\frac{1}{3} \times 3 日 = 1$

解答・解説

 「仕事の完成」＝タンクが満水になること

① AとBを使った場合の1時間あたりの仕事量

$A + B = \frac{1}{15}$ …（1）

② Aのみを使った場合の1時間あたりの仕事量

$A = \frac{1}{20}$ …（2）

③ Bのみを使った場合の1時間あたりの仕事量は（1）－（2）

$\frac{1}{15} - \frac{1}{20} = \frac{1}{60}$

④ A、B両方がした仕事量＋Bだけがした仕事量＝1

A、B両方使った時間を x 時間とおくと、
Bだけを使った時間は $(33-x)$ 時間

$\frac{1}{15}x + \frac{1}{60}(33-x) = 1$

これを解くと　$x = 9$

正解 2

練習問題

1 ある仕事をAが1人ですれば60日、Bが1人ですれば50日で完成する。この仕事を40日で完成させるには2人が一緒に作業する日数は最低でも何日必要か。

1　13日
2　12日
3　11日
4　10日
5　9日

2 水槽の水を汲み出すのにポンプAを2台とポンプBを1台用いると1時間かかり、A1台とB2台を用いると45分かかる。B1台だけ用いるとどれだけの時間がかかるか。

1　1時間40分
2　1時間48分
3　1時間56分
4　2時間
5　2時間8分

解答・解説

① 正解　2

それぞれの1日あたりの仕事量を求める

$A = \dfrac{1}{60}$、$B = \dfrac{1}{50}$

$A + B = \dfrac{1}{60} + \dfrac{1}{50} = \dfrac{(5+6)}{300} = \dfrac{11}{300}$

2人が一緒に作業する最低日数を求めるには、仕事量が多いBになるべく多くの仕事を1人でさせる必要がある。

2人が一緒に作業する日数をx日とすると、Bが1人で作業する日数は $(40 - x)$

A、B2人の仕事量 + Bのみの仕事量 = 1

$\dfrac{11}{300}x + \dfrac{1}{50}(40 - x) = 1$

$x = 12$

② 正解　2

A、Bそれぞれ1分あたりの仕事量をa、bとおく

A2台とB1台を用いると60分で仕事が完成。

$2a \times 60 + b \times 60 = 1$　$120a + 60b = 1 \cdots ①$

A1台とB2台を用いると45分で仕事が完成。

$a \times 45 + 2b \times 45 = 1$　$45a + 90b = 1 \cdots ②$

bを求めるので、①×3、②×8によりaを消去する。

$$360a + 180b = 3$$
$$-)\ 360a + 720b = 8$$
$$\overline{\qquad -540b = -5\qquad}$$

$$b = \dfrac{5}{540} = \dfrac{1}{108}$$

B1台だけ用いると108分、つまり1時間48分かかる。

185

練習問題

3 ある作業をＡ、Ｂ、Ｃの3人で行う。1日に行う仕事量の割合がＡ：Ｂ：Ｃ＝3：3：2であり、3人が休まずに仕事をすると30日で終了することがわかっている。今、作業終了までにＡが5日、Ｂが3日、Ｃが4日休むとき、この作業に要する日数はどれか。

1　33日
2　34日
3　35日
4　36日
5　37日

4 Ａ、Ｂ、Ｃの3人の1日にする仕事の割合は3：3：2で、ある仕事を3人で休まず10日かかって全体の1/2だけ仕上げることができた。その後、すべての仕事を終えるまでに、Ａは5日、Ｂは3日休み、Ｃは休まなかった。この仕事にかかった日数として、最も適切なのはどれか。

1　23日
2　26日
3　29日
4　32日
5　35日

解答・解説

3 正解　2

各人の仕事量の割合を考える

$$A + B + C = \frac{1}{30}$$

各人の1日に行う仕事量の割合がA：B：C＝3：3：2

$$A 、 B = \frac{1}{30} \times \frac{3}{8} = \frac{3}{240}$$

$$C = \frac{1}{30} \times \frac{2}{8} = \frac{2}{240}$$

n 日間で仕事が完成すると考え、A、B、C の仕事量を足し合わせると仕事の完成1になるという式を作る。

$$\frac{3}{240}(n-5) + \frac{3}{240}(n-3) + \frac{2}{240}(n-4) = 1$$

これを解くとn＝34

4 正解　1

まず、3人の1日あたりの仕事量を求める

ある仕事を3人で10日かかって全体の $\frac{1}{2}$ だけ仕上げることができたのだから、3人の1日あたりの仕事量は、

$$A + B + C = \frac{1}{2} \div 10 = \frac{1}{20}$$

各人の1日にする仕事量の割合は3：3：2なので

$$A 、 B = \frac{1}{20} \times \frac{3}{8} = \frac{3}{160} \quad C = \frac{1}{20} \times \frac{2}{8} = \frac{2}{160}$$

仕事にかかった日数を n とすると、次の式が成り立つ。

$$\frac{3}{160}(n-5) + \frac{3}{160}(n-3) + \frac{2}{160} \times n = 1$$

これを解くとn＝23

187

練習問題

5 ある施設に設置されたタンクには、常に一定の割合で地下水が流入しており、このタンクにポンプを設置して排水すると、3台同時に使用したときは21分、4台同時に使用したときは15分でそれぞれタンクが空になる。この場合、このタンクを7分で空にするために必要なポンプの台数として、正しいのはどれか。

ただし、排水開始前にタンクに入っていた水量はいずれも等しく、ポンプの毎分の排水量はすべて等しくかつ一定である。

1　6台
2　7台
3　8台
4　9台
5　10台

解答・解説

5 正解　3

元の量＋増加量＝減少量

タンクに元々入っていた水の量をx、1分間に流入する水の量をy、ポンプ1台が1分間に排出した水の量をzとして式を立てる。

①ポンプ3台、21分で空になる

$x + 21y = 3z \times 21$

$x + 21y = 63z$ …（1）

②ポンプ4台、15分で空になる

$x + 15y = 4z \times 15$

$x + 15y = 60z$ …（2）

（1）－（2）　$6y = 3z$

$y = 1$と仮定すると、$z = 2$

この値を式（2）に代入すると$x = 105$

③ポンプ t 台、7分で空になる

$x + 7y = tz \times 7$

$y = 1$、$z = 2$、$x = 105$を代入すると

$105 + 7 = 14t$　　$t = 8$

押さえておこう！

ニュートン算

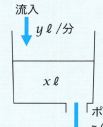

元々入っていた水の量と流れ込んでくる水の量の合計と、排出した水の量が一致したら水槽の中が空になる。

元の量　＋　増加量　＝　　減少量
　x　　＋　y×時間　＝　z×台数×時間

21 濃度

例題

　Ａの容器に濃度8%の食塩水が200g、Ｂの容器に濃度4%の食塩水が300g入っている。いまＡの容器から100gをくみ出してＢの容器に入れてよく混ぜた後に、Ｂの容器から100gくみ出してＡの容器に戻してよくかき混ぜた。このときにＡの容器の食塩水の濃度は何%か。

　1　6.5%
　2　6.8%
　3　7.0%
　4　7.2%
　5　7.5%

天秤図を使って解く

8%100g＋4%300gの濃度を求める。

❶ 「濃度」と「重さ」を書く

薄い濃度を左に、濃い濃度を右に書く。
4%側に300g、8%側に100gの重りを吊るす。

❷ 天秤がつり合う支点を考える

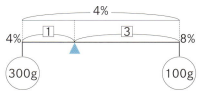

左の重さが300g、右の重さが100gで重さの比が3：1なので、
腕の長さの比は逆比となり1：3
腕の長さは濃度の差なので、8－4＝4（%）
この4%を1：3に分けるので、支点の位置は左側から1%の長さ、
もしくは右側から3%の長さとなる。
よって、濃度は 4＋1＝ 5（%）　もしくは8－3＝5（%）となる。

解答・解説

 5%100g＋8%100gの濃度を求める

腕の長さの比は100g：100g＝1：1
濃度の差は8－5＝3（%）
これを1：1に分けたところが天秤の支点になる。
よって、濃度は5＋1.5＝6.5（%）

正解 1

練習問題

[1] 3%の食塩水と11%の食塩水を3：1の割合で混合すると、何%の食塩水になるか。

    1   5%
    2   6%
    3   7%
    4   8%
    5   9%

[2] 濃度がわからない食塩水が600gある。これに6%の食塩水を400g加えたところ9%の食塩水ができた。はじめにあった食塩水の濃度はいくらか。

    1   10%
    2   11%
    3   12%
    4   13%
    5   14%

解答・解説

1 正解　1

比がわかっていれば天秤図が書ける

3%③g + 11%①gの濃度を求める。

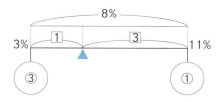

腕の長さの比は1：3
濃度の差は11 − 3 = 8（%）
この8%を1：3に分けるので、支点の位置は左側から2%の長さ、もしくは右側から6%の長さとなる。
よって、濃度は3 + 2 = 5（%）

2 正解　2

左側から支点までの距離がわかっている

6%400g + ？%600g = 9%

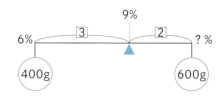

腕の長さの比は3：2
左腕の長さは9 − 6 = 3（%）
比が3：2なので、右腕の長さは2（%）である。
よって、600gの食塩水の濃度は9 + 2 = 11（%）

練習問題

3 果汁20%のオレンジジュースがある。これに天然水を加え、果汁14%のオレンジジュースにした。次に果汁9%のオレンジジュース480gを加えたところ、果汁12%のオレンジジュースになった。天然水を加える前のオレンジジュースは何gであったか。

　　1　480g
　　2　486g
　　3　492g
　　4　498g
　　5　504g

解答・解説

③ 正解　5

天然水の濃度は0%

20%のオレンジジュースに天然水を加えて14%のオレンジジュースにした、という手順は、それぞれの重さの比がわからないのでその次の手順から始める。

14%xgに9%480gを加えると12%になる。

14%xg ＋ 9%480g ＝ 12%

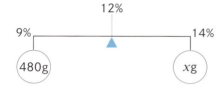

腕の長さの比は12 － 9 ＝ 3（%）、14 － 12 ＝ 2（%）より 3：2
よって重さの比は 480：x ＝ 2：3
$2x = 1440$　$x = 720$

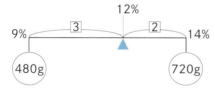

14%のオレンジジュースが720gとわかったので、20%のオレンジジュースをygとすると、天然水は（720－y）g。

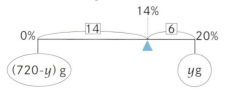

$(720 - y) : y = 6 : 14$
$14 \times (720 - y) = 6y$
$y = 504$

練習問題

4 1%の食塩水Aと2%の食塩水Bを混合して、1.7%の食塩水を1000g作る予定であったが、AとBの量を逆にしてしまった。このとき、できた食塩水に含まれる食塩の量として正しいものは、次のうちどれか。

   1 12g
   2 13g
   3 14g
   4 15g
   5 16g

解答・解説

4 正解 2

当初の予定から、それぞれの食塩水の重さを求める

①当初の予定は、1%xg+2%(1000−x)g=1.7%1000g

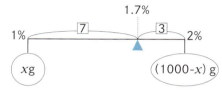

腕の長さの比は1.7−1=0.7（％）、2−1.7=0.3（％）より7：3

よって重さの比はx：$(1000-x)$ =3：7

$7x = 3000 - 3x$ $x = 300$

1％の食塩水を300g、2％の食塩水を700g混ぜる予定だった。

②**量を逆にしてしまったということは、1％の食塩水を700g、2％の食塩水を300g混ぜたということ**

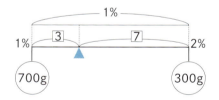

腕の長さの比は3：7

濃度の差は2−1=1

よって、できた食塩水の濃度は1+0.3=1.3（％）

③**求めるのは「食塩の量」**

食塩の量＝食塩水の重さ×濃度

＝1000×1.3％＝13 g

22 売買算

例題

ある商品を1000個仕入れて、仕入れ値の3割増しで700個、1割増しで200個売り、100個を処分したところ、利益は416000円であった。もし、1000個すべてを1.5割増しで売ったとすれば利益はいくらになるか。

1　42万円
2　45万円
3　48万円
4　51万円
5　54万円

原価、定価、売値、個数を整理する

定価＝原価（仕入れ値）＋利益
定価＝原価×（1＋利益の割合）
売値＝定価×（1－割引率）
利益＝売値－原価

例 100円で仕入れた商品に原価の20％の利益を見込んで定価をつけると、定価は100（1＋0.2）＝120円。

解答・解説

ヒント 総利益の計算では損失も忘れずに

①問題文を表にまとめる

原価	x円	1000個
売値①	1.3x円	700個
売値②	1.1x円	200個

②売値①の利益＋売値②の利益－損失＝総利益

$(1.3x - x) \times 700 + (1.1x - x) \times 200 - 100x = 416000$円
$x = 3200$円

③1000個すべてを仕入れ値の1.5割増しで売った利益

3200×0.15で1個あたりの利益を出す。
$3200 \times 0.15 \times 1000 = 480000$円

※②の式の別解
総売上－総原価＝総利益
$1.3x \times 700 + 1.1x \times 200 - 1000x = 416000$円
$x = 3200$円

正解 3

練習問題

1 ある商品を120個仕入れ、原価に対し5割の利益を上乗せして定価とし、販売を始めた。ちょうど半数が売れた時点で、売れ残りが生じると思われたので、定価の1割引きにして販売した。販売終了時刻が近づき、それでも売れ残りそうであったので、最後は定価の半額にして販売したところ、売り切れた。全体としては、原価に対し1割5分の利益を得た。このとき、定価の1割引きで売れた商品は何個か。

   1   5個
   2   15個
   3   25個
   4   45個
   5   55個

2 ある品物を25個仕入れ、原価の2割の利益を見込んで定価を設定し、販売した。しかし、売れ残りが発生したので、定価の4割引で販売したところすべて売れた。後ほど調べると、あと1個でも定価で販売できていなかった場合、赤字となっていたことがわかった。定価で販売した品物は何個か。

   1   13個
   2   14個
   3   15個
   4   16個
   5   17個

解答・解説

① 正解　1

売値が原価より安い場合もある

①表を作成

原価	x円	120個
定価	1.5x円	60個
売値①	1.5x×（1−0.1）＝1.35x円	y個
売値②	1.5x×（1−0.5）＝0.75x円	（60−y）個

②定価の利益＋売値①の利益＋売値②の利益＝総利益（原価の1割5分）

$(0.5x×60)+(0.35x×y)+\{-0.25x×(60-y)\}=0.15x×120$

両辺を÷xしてxを消すと、$y=5$となる。

② 正解　3

赤字ではないということは「利益≧0」

①表を作成

原価	x円	25個
定価	1.2x円	y個
売値	1.2x（1−0.4）＝0.72x円	（25−y）個

②定価の利益＋売値の利益≧0

$0.2x×y+\{-0.28x×(25-y)\}≧0$

両辺を÷xすると

$0.2y-7+0.28y≧0$

$0.48y≧7$

$y≧14.58\cdots$

yは整数のため、15以上である。

練習問題

3 原価の2割増しの定価がついている商品が100個ある。これを定価どおりに売っていたところ、売れ残りそうになったので途中で定価の1割引きで売ることにした。その結果、全部で94個売れ、残りは処分した。この商品の原価は1個500円であるが、100個まとめて仕入れたので、5000円値引きしてもらったため、利益は10200円であったという。定価で売れたのは何個か。

1　72個
2　74個
3　75個
4　78個
5　80個

4 定価の8％引きで販売してもなお原価の15％の利益が得られるには、定価を原価の何％増しにすればよいか。

1　5％
2　10％
3　15％
4　20％
5　25％

解答・解説

③ 正解　2

「売上－原価＝利益」で式を立てる

①表を作成

原価	500円	100個
定価	500（1＋0.2）＝600円	x個
売値	600（1－0.1）＝540円	（94－x）個

②売上－原価＝利益

$600x + 540 \times (94 - x) - (500 \times 100 - 5000) = 10200$

$x = 74$

※利益を合算する式が作れない場合は、売上－原価＝利益の式に当てはめる。

④ 正解　5

原価の○％増し、○割増しを文字で表す

①表を作成

原価　　x円

定価　　$x\left(1 + \dfrac{y}{100}\right) = x$r円とおく（※）

売値　　xr$（1 - 0.08）= 0.92x$r円

②売値－原価＝原価の15％の利益

$0.92x\text{r} - x = 0.15x$

両辺を$\div x$してxを消す

$0.92\text{r} - 1 = 0.15$

r$= 1.25$　$1 + 0.25$なので、25％増しである。

※原価の「何％増し」や「何割増し」が問われている場合、$\left(1 + \dfrac{y}{100}\right)$や$\left(1 + \dfrac{y}{10}\right)$を文字（ここではr）に置き換えると計算がラク。例えばrが1.2であれば、（1＋0.2）なので20％増しということである。

数的推理

22 売買算

203

23 順列・組合せ

例題

0、1、2、3、4、5の数字が1つずつ書かれた6枚のカードがある。この6枚から4枚を並べて4桁の整数を作るとき、何通りの作り方があるか。

1　250通り
2　300通り
3　350通り
4　400通り
5　450通り

順列の基本公式を覚える

1 n個の中からr個取り出して並べる場合
$_nP_r$

2 nを起点に1ずつ減らしながらr個分かける

例 6個の中から4個取り出して並べる場合
$_6P_4 = 6 \times 5 \times 4 \times 3 = 360$通り
6を起点に1つずつ減らしながら4個分かける。

解答・解説

 作るのは4桁の整数

①4桁の整数を作る
　0〜6の6つの数字の中から4個を並べる並べ方
　$_6P_4 = 6 \times 5 \times 4 \times 3 = 360$……（1）

②千の位が0の場合を考える
　0 ＿ ＿ ＿
　1〜5の5つの数字の中から3個を並べる並べ方
　$_5P_3 = 5 \times 4 \times 3 = 60$……（2）

③（1）−（2）
　$360 - 60 = 300$通り

正解 **2**

練習問題

1 a、b、c、d、e、fの6文字を1列に並べるとき、aとbが
  隣り合う並べ方は何通りか。

    1   210通り
    2   220通り
    3   230通り
    4   240通り
    5   250通り

2 a、b、c、d、e、fの6文字を1列に並べるとき、aとbが
  隣り合わない並べ方は何通りか。

    1   360通り
    2   400通り
    3   440通り
    4   480通り
    5   520通り

解答・解説

1 正解　4

隣り合うものをセットにして考える

$\boxed{a \quad b}$、c、d、e、fの5文字を並べる並べ方

$_5P_5 = 5 \times 4 \times 3 \times 2 \times 1 = 120$通り

aとbが隣り合うのは $\boxed{a \quad b}$ と $\boxed{b \quad a}$ の2通りあるので、

$120 \times 2 = 240$通り

2 正解　4

（aとbが隣り合わない並べ方）

＝（全体の並べ方）－（aとbが隣り合う並べ方）

全体の並べ方は

$_6P_6 = 6 \times 5 \times 4 \times 3 \times 2 \times 1 = 720$

aとbが隣り合う並べ方は

$_5P_5 \times 2 = 240$

$720 - 240 = 480$通り

数的推理

23 順列・組合せ

練習問題

3 赤、青、黄、白、黒の5つの玉がある。この中から3つ選ぶ組合せは何通りあるか。

1　8通り
2　9通り
3　10通り
4　11通り
5　12通り

4 図のように、A、B、Cに区分されている旗を、赤、青、黄、緑の4色から2色を選んで塗り分けるとき、何通りの塗り方があるか。ただし、3か所とも塗るものとし、隣り合う部分には同じ色を使わないものとする。

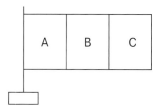

1　6通り
2　8通り
3　10通り
4　12通り
5　14通り

解答・解説

③ 正解　3

組合せの基本公式で解く

赤、青、黄、白、黒の5つから3つ選ぶ組合せは、

$$_5C_3 = \frac{(5 \times 4 \times 3)}{(3 \times 2 \times 1)} = 10通り$$

④ 正解　4

2色の選び方→並べ方の順で解く

4色の中から2色を選ぶ選び方は、

$$_4C_2 = \frac{(4 \times 3)}{(2 \times 1)} = 6通り$$

たとえば赤、青の2色で同じ色が隣り合わない塗り方は、

A　B　C
赤　青　赤
青　赤　青

の2通りである。

6通りの色の組合せで、それぞれ2通りの塗り方があるので、$6 \times 2 = 12$通り

押さえておこう！

組合せの基本公式

n個の中からr個を選ぶ組合せの数

$_nC_r$

分子はnを起点に1ずつ減らしながらr個分かける。
分母はrを起点に1ずつ減らしながらr個分かける。

例
$$_5C_3 = \frac{(5 \times 4 \times 3)}{(3 \times 2 \times 1)} = 10通り$$

$_nC_r = {}_nC_{(n-r)}$ が成り立つ　　$_5C_3 = {}_5C_{(5-3)} = {}_5C_2$

数的推理

23 順列・組合せ

練習問題

5 大人Ａ、Ｂ、Ｃと子どもＤ、Ｅの5人が2部屋に泊まるの
に、必ず両方の部屋に大人と子どもがいるように分けると
したら分け方は何通りあるか。ただし、部屋の区別はしな
い。

1　4通り
2　5通り
3　6通り
4　7通り
5　8通り

6 4組の夫婦が1つの円卓に着席するとき、各夫婦が隣り合
う着席の仕方は何通りあるか。

1　48通り
2　64通り
3　96通り
4　144通り
5　192通り

解答・解説

⑤ **正解　3**

大人の分け方×子どもの分け方で求められる

①**大人は（1人、2人）に分かれる**

大人3人を2部屋に分ける方法は

（A、BC）

（B、AC）

（C、AB）

の3通り

②**子ども2人は2つの部屋をそれぞれ選べる**

まとめると $3 \times 2 = 6$ 通り

⑥ **正解　3**

「隣り合う」は1セットで考える

4組の夫婦をA a、B b、C c、D dとする。

4つを並べる円順列は $(4-1)! = {}_3P_3$

1セットにした各夫婦は左右入れ替えできるので

$(4-1)! \times 2 \times 2 \times 2 \times 2$

$= 3 \times 2 \times 1 \times 16$

$= 96$ 通り

📢))⟨ **押さえておこう！**

円順列の基本公式

n個のものを円形に並べる並べ方は

$(n-1)!$

1から $(n-1)$ までのすべての整数の積で求めることができる。

例 4つを並べる円順列は $(4-1)! = 3! = 1 \times 2 \times 3$
　　 $= {}_3P_3$

数的推理

23
順列・組合せ

練習問題

7 A～Hの8人の学生が旅行に行き、2人部屋と6人部屋に分かれて泊まることになった。このとき、AとBの2人が必ず同じ部屋に泊まる部屋割りは何通りあるか。

1　10通り
2　12通り
3　14通り
4　16通り
5　18通り

8 8個のキャラメルをA、B、Cの3人で分けるとき、分け方は何通りあるか。ただし、3人とも1個以上受け取るものとする。

1　15通り
2　18通り
3　21通り
4　24通り
5　27通り

解答・解説

7 正解　4

AとBの2人がどちらの部屋に泊まるかで場合分けをする

①AとBが2人部屋に泊まる場合

2人部屋	6人部屋
AとB	C〜H

の1通り

②AとBが6人部屋に泊まる場合

2人部屋	6人部屋
2人	AとBと4人

C〜Hの6人から4人を選ぶ選び方

$${}_6C_4 = \frac{6 \times 5 \times 4 \times 3}{4 \times 3 \times 2 \times 1} = 15 通り$$

よって、1 + 15 = 16通り

8 正解　3

同じものを何人かで分ける場合の数

仕切りを入れて分ける解き方を使う。

まず、8個のキャラメルを○として横1列に並べる。次に○と○の間の7つのスペースに2本の仕切りを入れて、○を3つに分ける。

3つに分けた○を、左からA、B、Cそれぞれのキャラメルとする。

→A2個、B2個、C4個

仕切りの入れ方は、7つのスペースから2つを選ぶ組合せなので、${}_7C_2 = 21$通り

確率

例題

袋の中に白玉が5個、赤玉が2個入っている。まず袋から無作為に1個取り出して、赤玉を1個加える。そしてもう一度この袋から無作為に玉を1個取り出すとき、それが赤玉である確率はいくらか。

1. $\dfrac{17}{42}$

2. $\dfrac{19}{42}$

3. $\dfrac{15}{49}$

4. $\dfrac{17}{49}$

5. $\dfrac{19}{49}$

確率の基本公式： $\dfrac{事象A}{全事象}$

例 赤玉3個、白玉が2個ある。この中から
　①赤玉を1個取る確率

　　$\dfrac{事象 A}{全事象} = \dfrac{3}{5}$ 　←赤1、2、3の3通り
　　　　　　　　　　←赤1、2、3、白1、2の5通り

　②赤玉を2個取る確率
　　＝赤玉を1個取り、さらに赤玉を1個取る確率

　　$\dfrac{3}{5} \times \dfrac{2}{4} = \dfrac{3}{10}$

解答・解説

ヒント 1回目に赤玉、1回目に白玉を取る確率を足しあげる

2回目に取り出す玉が赤玉である確率は

①1回目が赤玉だった場合

$\dfrac{2}{7} \times \dfrac{2}{7} = \dfrac{4}{49}$ ……（1）

②1回目が白玉だった場合

$\dfrac{5}{7} \times \dfrac{3}{7} = \dfrac{15}{49}$ ……（2）

③（1）＋（2）

$\dfrac{4}{49} + \dfrac{15}{49} = \dfrac{19}{49}$

正解 5

練習問題

1 3本の当たりくじと6本のはずれくじがある。この中から3本引いて、少なくとも1本当たる確率はいくらか。

1 $\dfrac{5}{7}$

2 $\dfrac{16}{21}$

3 $\dfrac{11}{14}$

4 $\dfrac{17}{21}$

5 $\dfrac{5}{6}$

2 3つのサイコロを同時に振ったとき、同じ目が出る確率をA、すべて異なる目が出る確率をBとする。AをBで割った値は、次のうちどれか。

1 $\dfrac{1}{20}$

2 $\dfrac{1}{18}$

3 $\dfrac{1}{12}$

4 $\dfrac{1}{10}$

5 $\dfrac{1}{6}$

解答・解説

数的推理
24
確率

1 正解　2

「少なくとも」という言葉が出てきたら余事象を考える

3本ともはずれる確率 + 少なくとも1本当たる確率 = 1となる。

3本ともはずれる確率は、

$$\frac{6}{9} \times \frac{5}{8} \times \frac{4}{7} = \frac{5}{21} \quad \cdots\cdots ⓐ$$

少なくとも1本当たるは $1 - ⓐ$ なので、

$$1 - \frac{5}{21} = \frac{16}{21}$$

2 正解　1

「すべて異なる」は順列の公式を使う

① A：3つとも同じ目が出る確率

　3つのサイコロ（ a 、b、 c ）の目の出方

　　a　　　　b　　　　c

　6通り×6通り×6通り = 216通り

　3つとも同じ目が出る確率は（1、1、1） ～ （6、6、6）の6通り。

$$A = \frac{6}{216}$$

② B：3つとも異なる目が出る確率

　異なる6つの数字の中から3つを選んで並べる並べ方

　$_6P_3 = 6 \times 5 \times 4 = 120$通り

$$B = \frac{120}{216}$$

③ A÷Bの値を出す

$$\frac{6}{216} \div \frac{120}{216} = \frac{1}{20}$$

練習問題

3 6本のくじがあり、その中に当たりくじが1本入っている。このくじを甲、乙の順で1本ずつ引き、次に残った4本のくじに1本当たりくじを加え、再度、甲、乙の順で1本ずつ引いた。このとき、乙が2回とも当たりくじを引く確率はいくらか。

1 $\dfrac{1}{12}$

2 $\dfrac{1}{18}$

3 $\dfrac{1}{24}$

4 $\dfrac{1}{30}$

5 $\dfrac{1}{36}$

4 1個のサイコロを何回か振って、奇数の目が3回出たところでやめるとき、6回振ったところでやめることになる確率はいくらか。

1 $\dfrac{3}{32}$

2 $\dfrac{7}{64}$

3 $\dfrac{1}{8}$

4 $\dfrac{9}{64}$

5 $\dfrac{5}{32}$

解答・解説

3 正解　4

1〜4回目それぞれの確率を求める

1回目に甲がはずれる確率×2回目に乙が当たる確率
×3回目に甲がはずれる確率×4回目に乙が当たる確率

$$\frac{5}{6} \times \frac{1}{5} \times \frac{4}{5} \times \frac{1}{4} = \frac{1}{30}$$

4 正解　5

6回振って奇数が3回、偶数が3回出る

6回目は奇数が出る。1〜6回までの奇数、偶数が何通りあるかを数え上げる。

1〜5回目のうち、偶数が3回出るのは、

$$_5C_3 = \frac{5 \times 4 \times 3}{3 \times 2 \times 1} = 10通り$$

それぞれの確率は

$$\frac{1}{2} \times \frac{1}{2} \times \frac{1}{2} \times \frac{1}{2} \times \frac{1}{2} \times \frac{1}{2} = \left(\frac{1}{2}\right)^6$$

10通りとも $\left(\frac{1}{2}\right)^6$ であるから、

$$\left(\frac{1}{2}\right)^6 \times 10 = \frac{5}{32}$$

数的推理

24
確率

練習問題

5 A、Bの2人が試合を続けて行い、先に3勝した者を勝者とする競技を行った。Aが最初の試合に勝ったとき、Aが勝者となる確率はいくらか。ただし、A、Bが1つの試合に勝つ確率はともに $\frac{1}{2}$ とし、引き分けはないものとする。

1 $\frac{1}{2}$

2 $\frac{9}{16}$

3 $\frac{5}{8}$

4 $\frac{11}{16}$

5 $\frac{3}{4}$

6 4本の当たりくじと6本のはずれくじの10本がある。このなかから2本ひいて、少なくとも1本当たる確率はいくらか。

1 $\frac{1}{5}$

2 $\frac{1}{3}$

3 $\frac{2}{5}$

4 $\frac{3}{5}$

5 $\frac{2}{3}$

解答・解説

5 正解 4

3、4、5試合目で勝者になる確率を求める

　Aが最初の試合に勝ったことを前提としているので、Aが勝者となるのは、次の6通りである。

	2試合目	3試合目	4試合目	5試合目
①	Aの勝ち	Aの勝ち		
②	Aの勝ち	Bの勝ち	Aの勝ち	
③	Bの勝ち	Aの勝ち	Aの勝ち	
④	Aの勝ち	Bの勝ち	Bの勝ち	Aの勝ち
⑤	Bの勝ち	Aの勝ち	Bの勝ち	Aの勝ち
⑥	Bの勝ち	Bの勝ち	Aの勝ち	Aの勝ち

①の確率は $\dfrac{1}{4}$、②と③の確率はそれぞれ $\dfrac{1}{8}$、④〜⑥の確率はそれぞれ $\dfrac{1}{16}$ なので、求める確率は、

$$\frac{1}{4} + \frac{1}{8} \times 2 + \frac{1}{16} \times 3 = \frac{11}{16}$$

6 正解 5

「少なくとも〜」「〜以上」という表現は余事象を考える

①2本ともはずれる確率

$$\frac{6}{10} \times \frac{5}{9} = \frac{1}{3}$$

②少なくとも1本当たる確率

$$1 - \frac{1}{3} = \frac{2}{3}$$

25 資料解釈

例題

次の表は生産金額の対前年比である。表から確実にいえることはどれか。

(単位 %)

区分	平成18年	19	20	21	22
医薬品	0.7	0.2	2.6	3.0	△0.6
医薬部外品	5.0	1.3	5.7	1.7	△1.6
衛生材料	△8.1	△1.8	0.8	△0.6	△3.5
医療機器	7.4	△0.2	0.5	△6.9	8.7

（注）△は、マイナスを示す。

1 表中各年のうち、医療機器の生産金額が最も多いのは平成18年である。
2 平成18年の医薬部外品の生産金額を100としたときの21年のそれの指数は120を下回る。
3 平成20年に対する22年の医療機器の生産金額の増加率は医薬品のそれより高い。
4 平成20年において医療機器の生産金額は衛生材料のそれの50％を超えている。
5 平成21年の医薬品の生産金額の対前年増加数は19年のそれの10倍を下回っている。

222

前年比の問題は±10％以内は近似値を使う

> 例 医薬品の平成19年を100とすると、平成21年の指数は110を超えるか？
> 19年を100とすると20年は100×（1＋0.026）＝102.6
> 21年は同様に102.6×（1＋0.03）≒105.7となる。
> 以上の式をまとめると100×（1＋0.026）（1＋0.03）となる。
>
> 本来は上の式で求めるものだが、計算が複雑なので前年比を足し算して近似値として求める。
> 2.6％＋3％＝5.6％

解答・解説

 前年比が±10％以内なので近似値を使う

1 18年を100とおくと、20年は－0.2＋0.5＝0.3％
   18年より0.3％増加の100.3。
2 18年を100とおくと、21年は1.3＋5.7＋1.7＝8.7％
   18年より8.7％増加の108.7になるので、「指数120を下回る」は適切。
3 医療機器20年を100とおくと、22年は－6.9＋8.7＝1.8％
   医薬品20年を100とおくと、22年は3－0.6＝2.4％
   20年に対する22年の増加率は医薬品の方が高い。
4 生産金額の実数はわからないので割合も不明。
5 近似値の場合に対前年増加数は、対前年比と同じである。
   19年は0.2、21年は3なので15倍になる。

正解 2

練習問題

1 次の表から確実にいえるのはどれか。

訪日外国人旅行者数の推移

（単位 人）

地域	2009年	2010	2011	2012	2013
アジア	4,814,001	6,528,432	4,723,661	6,387,977	8,115,789
ヨーロッパ	800,085	853,166	569,279	775,840	904,132
アフリカ	20,621	22,665	19,361	24,725	26,697
北アメリカ	874,617	905,896	685,046	876,401	981,981
南アメリカ	33,481	39,481	31,762	51,151	49,930
オセアニア	246,213	260,872	189,150	241,513	284,886

1　2012年において、ヨーロッパからの訪日外国人旅行者数の対前年増加率は、北アメリカからの訪日外国人旅行者数のそれより小さい。

2　2011年のアジアからの訪日外国人旅行者数は、2010年のそれの75％を超えている。

3　表中の各年とも、アフリカからの訪日外国人旅行者数は、南アメリカのそれの50％を超えている。

4　2009年の南アメリカからの訪日外国人旅行者数を100としたときの2013年のそれの指数は、150を下回っている。

5　2009年から2013年までの各年におけるオセアニアからの訪日外国人旅行者数の平均は、25万人を上回っている。

解答・解説

1 正解　4

概数で計算し、あたりをつける

下3桁を四捨五入して概数を出す。

1　ヨーロッパ $\dfrac{776}{569} = 1.36$　前年増加率36%

　　北アメリカ $\dfrac{876}{685} = 1.28$　前年増加率28%

　　ヨーロッパの方が増加率が高い。

2　$4724 \div 6528 \fallingdotseq 0.72$ なので75%を下回る。

3　2012年は $\dfrac{247}{512} \fallingdotseq 0.48$ なので50%を下回る。

4　指数150の場合、$335 \times 1.5 \fallingdotseq 502$
　　2013年は499なので指数150を下回る。

5　25万人を基準にして、各年の増減を考える。
　　$-4 + 11 - 61 - 8 + 35 = -27$
　　よって25万を下回る。

🔊 押さえておこう！

対前年増減率の求め方

$$\left(\frac{\text{比べる年} - \text{前の年}}{\text{前の年}} \right) \times 100$$

$$\left(\frac{\text{比べる年}}{\text{前の年}} - 1 \right) \times 100$$

練習問題

2 次の表から確実にいえるのはどれか。

わが国のエビの国別輸入金額の対前年増加率の推移

(単位 %)

国名	2011年	2012	2013	2014
ベトナム	△11.1	△0.5	33.6	11.8
インド	8.6	△19.5	60.5	14.9
インドネシア	△0.5	△0.7	34.0	△6.7
アルゼンチン	78.4	46.2	29.1	34.8
タイ	6.5	△3.6	△22.2	△28.7

(注) △は、マイナスを示す。

1 ベトナムからのエビの輸入金額の2012年に対する
  2014年の増加率は、インドネシアからのエビの輸
  入金額のそれの2倍より大きい。

2 2013年において、アルゼンチンからのエビの輸入
  金額は、タイからのそれの50％を超えている。

3 2014年のインドからのエビの輸入金額の対前年増
  加額は、2013年のそれを下回っている。

4 2010年のインドネシアからのエビの輸入金額を
  100としたときの2013年のそれの指数は、140を
  上回っている。

5 ベトナムからのエビの輸入金額の2010年に対する
  2012年の減少率は、インドからのエビの輸入金額
  のそれより大きい。

解答・解説

2 正解　3

「増加率」と「増加額」の違いに注意

1　ベトナム：2012年を100とすると、2014年は、$100(1 + 0.336)(1 + 0.118) = 133.6 \times 1.118 \fallingdotseq 149.3$　増加率49.3%

インドネシア：2012年を100とすると、2014年は、$100(1 + 0.34)(1 - 0.067) = 134 \times 0.933 \fallingdotseq 125$　増加率25.0%

よって対前年増加率は2倍より小さい。

2　輸入金額はわからないので、割合も不明。

3　$100(1 + 0.6) = 160$　2013年の対前年増加額は60

$160 \times 0.15 = 24$　　　2014年の対前年増加額は24

よって2014年の対前年増加額が下回る。

4　インドネシア：2010年を100とする。

2012年まで近似値で出すと、

$-0.5 - 0.7 = -1.2\%$　よって98.8%

2013年は$98.8 \times (1 + 0.34) \fallingdotseq 132$　よって140は超えない。

5　ベトナム：$100(1 - 0.11)(1 - 0.005) = 89 \times 0.995 \fallingdotseq 88.6$

よって約11.4%減少

インド：$100(1 + 0.086)(1 - 0.195) = 108.6 \times 0.805 \fallingdotseq 87.4$　よって約12.6%減少

インドの方が減少率が高い。

練習問題

[3] 下の図から確実にいえるのはどれか。

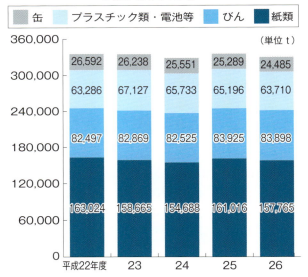

資源回収量の推移

1 図中の各年度とも、資源回収量の合計に占めるびんの資源回収量の割合は、25％を下回っている。

2 平成26年度におけるプラスチック類・電池等の資源回収量の対前年度減少率は、平成24年度のそれより小さい。

3 平成24年度において、紙類の対前年度減少数は、缶のそれの5倍を下回っている。

4 平成22年度の缶の資源回収量を100としたときの平成26年度のそれの指数は、90を上回っている。

5 平成22年度から平成26年度までの5年度のプラスチック類・電池等の資源回収量の1年度あたりの平均は、65,000tを下回っている。

解答・解説

[3] 正解　4

指数90は減少率10%と同じ意味

1　下2桁を四捨五入し、概算で求める。

$245 + 637 + 839 + 1578 = 3299$

$839 \div 3299 ≒ 0.254$　約25.4%

2　対前年減少率 $= \dfrac{比べる年 - 前の年}{前の年}$ より、

24年度は $\dfrac{657 - 671}{671} = \left(-\dfrac{14}{671}\right) \times 100 ≒ -2.1\%$

26年度は $\dfrac{637 - 652}{652} = \left(-\dfrac{15}{652}\right) \times 100 ≒ -2.3\%$

26年度の対前年減少率が大きい。

3　缶は $262.4 - 255.5 ≒ 7$

紙類は $1587 - 1547 = 40$

5倍を上回る。

4　22年度は266

26年度は245

指数90は $266 \times 0.9 ≒ 240$、26年度は245なので、指数90を上回る。

5　22〜26年度を足しあげると325052

$65000 \times 5 = 325000$ なので、年平均65000tを上回る。

Column

資料解釈を速く解くコツ

　「資料解釈を早く解くコツを知りたい」という声にお応えし、時間短縮につながる5つのコツをご紹介しましょう。

● **コツ1　対前年比の問題は近似値を利用**

　対前年比が±10％以内に収まるものは、近似値を利用し、足し算で計算します。

　例：$1.03 \times 1.07 = 1.1021$ の近似計算

　➡ $(1 + 0.03) \times (1 + 0.07) \fallingdotseq 1 + 0.03 + 0.07 = 1.1$

● **コツ2　上3桁を残して概算**

　例：53609×1.3

　➡下2桁をカットし、536×1.3 で計算

● **コツ3　正解は選択肢3～5の可能性が高い**

　出題者の心理として、最初に答えを配置するのは避ける傾向があります。

● **コツ4　理由付けの選択肢は不正解**

　例：「2020年の観光客数が増えた原因はオリンピックの影響である」という選択肢は適切か。

　➡「オリンピックが要因」と明記されていなければ不正解

● **コツ5　対前年比は最初の年が対象外**

　例：A社の売上の前年比が21年は＋5％、22年は－3％、23年は＋7％だとする。「21年の売上に対する23年の指数は108を超えている」という選択肢は適切か。

　➡21年を100とすると、近似値を利用して $-3 + 7 = +4$％指数は104のため不適切。21年の前年比は計算対象とならない点に注意が必要

第2章

★

文章理解

要旨把握

例題

次の文章の主旨に最も合致する選択肢はどれか。

　正義に対する情熱、愛より「私」を去ろうとする努力、――これをほかにして先生の人格は考えられない。愛のうち自然的に最も強く存在する自愛に対しても、先生は「私」を許さなかった。そのために自己に対する不断の注意と警戒とを怠らなかった先生は、人間性の重大な暗黒面――利己主義――の鋭利な観察者として我々の前に現われた。

　先生にとっては「正しくあること」は「愛すること」よりも重いのである。私はかつて先生に向かって、愛する者の悪を心から憐み愛をもってその悪を救い得るほど愛したい、愛する者には欺かれてもいいというほどの大きい気持ちになりたいと言った事があった。その時先生は、そういう愛はひいきだ、私はどんな場合でも不正は罰しなくてはいられないと言われた。すなわち先生の考えでは、いかなる愛をもってしても不正を許すことは「私」なのである。たとえ自分の愛子であろうとも、不正を行った点については、最も憎んでいる人間と何の択ぶところもない。自分の愛するものであるがゆえに不正を許すのは、畢竟エゴイズムである。

（出典『夏目先生の追憶』和辻哲郎）

1　先生の愛には「私」がなかった。
2　人間性の重大な暗黒面とは、つまりエゴイズムのことである。
3　利己主義は必ずしも悪ではない。
4　愛する者へのひいきは仕方がない。
5　愛する者だからといって不正を許すのはエゴイズムである。

要旨把握は結論部に注目する

1. 要旨・要約は、「序論・本論・結論」の文章全体の最も重要な箇所だけを簡潔にまとめたものである
2. 文章のなかで最も重要な箇所は、「結論」部である
3. したがって、「要旨」「要約」には、必ず「結論」部の内容が含まれている。そこで、課題文の結論部に注目して、そこで書かれている内容を確認し、その内容と最も近い内容の選択肢を選べばよい

解答・解説

 「結論」部は、文章全体の最後の部分にあるのが普通

① 文末の「結論」部分の内容を確認。第2段落のなかでも特に後半に注目すると、「自分の愛する子どもでも、その不正を許すのはエゴイズムだ」という内容の記述があるのがわかる。
② この内容に最も近い選択肢を選ぶ。
③ 「1・2」は内容が結論部に近いが、「5」の方が近い。「3・4」は課題文の記述と対応しない。

正解 5

練習問題

[1]　今からもう18年の昔になるが、自分は『古寺巡礼』の
なかで伎楽面の印象を語るに際して、「能楽の面は伎楽面
に比べれば比較にならぬほど浅ましい」と書いた。(中略)
自分はあの時、伎楽面の美しさがはっきり見えるように眼
鏡の度を合わせておいて、そのままの眼鏡で能面を見たの
であった。従って自分は能面のうちに伎楽面的なものを求
めていた。そうして単にそれがないというのみでなく、さ
らには反伎楽面的なものを見いだして落胆したのであった。
その時『浅ましい』という言葉で言い現したのは、病的、
変態的、退廃的な印象である。伎楽面的な美を標準にして
見れば、能面はまさにこのような印象を与えるのである。
　しかし能面は伎楽面と様式を異にする。能面の美を見得
るためには、ちょうど能面に適したように眼鏡の度を合わ
せ変えなくてはならぬ。それによって前に病的、変態的、
退廃的と見えたものは、能面特有の深い美しさとして己を
現して来る。それは伎楽面よりも精練された美しさである
とも言えるであろうし、また伎楽面に比してひねくれた美
しさであるとも言えるであろう。だからこの美しさに味到
した人は、しばしば逆に伎楽面を浅ましいと呼ぶこともあ
る。能面に度を合わせた眼鏡をもって伎楽面を見るからで
ある。　　　　　　　　　　　(出典『能面の様式』和辻哲郎)
上の文章の主旨に最も合致する選択肢はどれか。
1　能面は伎楽面に比べると、比較にならぬほど浅ましい。
2　能面と伎楽面とは、本来比べるべきものではない。
3　能面を見る時には、伎楽面を見る時とは見方を変え
　る必要がある。
4　伎楽面は、能面に比べてひねくれた美しさを有して
　いる。
5　伎楽面特有の深い美しさとは、退廃的な美しさである。

解答・解説

[1] 正解　3

16行目「それは伎楽面よりも‥‥‥」に注目する

① 文章全体の「結論」部分（最後の段落）を見ると、「能面を見る時には能面を見るのにちょうど良いように眼鏡の度を合わせる必要がある」という内容の記述がある。つまり、「能面を見る時には、伎楽面を見る時とは、見方や、意識の向け方を変えるべきだ」ということである。

② この内容を確認したうえで、最も近い内容の選択肢を探す。

③ 「1・2・4・5」は、いずれも「結論」部分の内容と異なる。したがって、「3」を選ぶことができる。

押さえておこう！

二項対比

公務員試験の文章理解の課題文は、「二項対比」の構成になっていることが多い。（例題）では、「私」と「正しさ」が、（練習問題）では「伎楽面」と「能面」が、それぞれ対比されている。一般に、二項対比では、AとBの二項の間に、次の3つの関係のどれかが成立する。

A＞B　　A＜B　　A＝B

（例題）では、「私」＜「正しさ」が、（練習問題）では「伎楽面」＝「能面」という関係が成立する。このように、二項対比して注意して読むと、より深い読解ができるようになる。

02 内容把握

例題

次の文章の内容に最も合致する選択肢はどれか。

　人間の生命的過程に智情意というような区別は実は存在していないのだ。生命がある対象に対して変化なく働き続ける場合を意志と呼び、対象を変じ、若しくは力の量を変化して生命が働きかける場合を情といい、生命が二つ以上の対象について選択をなす場合を智と名づけたに過ぎないのだ。人の心的活動は三頭政治の支配を受けているのではない。もっと純一な統合的な力によって総轄されているのだ。だから少し綿密な観察者は、智と情との間に、情と意志との間に、又意志と智との間に、判然とはそのいずれにも従わせることの出来ない幾多の心的活動を発見するだろう。虹彩を検する時、赤と青と黄との間に無際限の間色を発見するのと同一だ。赤青黄は元来白によって統一さるべき仮象であるからである。かくて私達が太陽の光線そのものを見極めようとする時、分解された諸色をいかに研究しても、それから光線そのものの特質の全体を知悉することが出来ぬと同様に、智情意の現象をいかに科学的に研究しても、心的活動そのものをつかむことは思いもよらない。

（出典『惜みなく愛は奪う』有島武郎）

1　人間には実は智情意という区分が存在している。
2　人間の心的活動は智情意の支配を受けている。
3　虹の色を調べると、赤と青と黄の間に無限の間色を見出すことができる。
4　智と情との間には、そのどちらとも言い切れない無限の心的活動を見出すことができる。
5　太陽光線を科学的に見極めるためには、白い光線を分解する必要がある。

解法 接続語の後の文の内容に注意する

1. 「だから」「それゆえ」「したがって」「このように」といった「総括」の接続語の後の文の内容に注意する
2. 「しかし」「だが」「けれども」といった「逆接」の接続語の後の文の内容に注意する

解答・解説

 「虹彩」とは、「眼球の内部の組織」の名称であり、「虹」ではない

①課題文中の「だから」「かくて」の後の記述内容に注目。
②「だから」の後には、「智と情」「情と意志」「意志と智」との間には、「そのいずれにも従わせることの出来ない幾多の心的活動を発見する」と記されている。「かくて」の後には「智情意の現象をいかに科学的に研究しても、心的活動そのものをつかむことは思いもよらない」と記されている。
③上記を踏まえて選択肢を確認すると、「だから」の後の内容と「4」の内容が最も合致することがわかる。

(参考)
　「要旨、主旨」は必ず「結論」部分の内容が、正解の選択肢に含まれるが、「内容把握」の正解には、必ずしも課題文の「結論」部分の内容が含まれるわけではない。ただし、「結論」ほどは重要ではないが、ほかの部分に比べると「重要度の高い」部分に、正解が関連しているのが普通である。

正解 4

練習問題

[1] 「生物発達の状態を研究してみると、利己主義は常に利他主義以上の力をもって働いている。それを認めない訳にはいかない」といったスペンサーの生物一般に対しての漫然たる主張が、なんといっても利己主義の理解に対する基調になっていはしないだろうか。その主張が全事実の一部をなすものだということを私も認めないわけではない。しかしそれだけで満足し切ることを、私の本能の要求は明らかに拒んでいる。私の生活動向の中には、もっと深くもっとよく己れを愛したい欲求が十二分に潜んでいることに気づくのだ。私は明らかに自己の保存が保障されただけでは飽き足らない。進んで自己を押し拡げ、自己を充実しようとし、そして意識的にせよ、休む時なくその願望に駆り立てられている。この切実な欲求が、かの功利的な利己主義と同一水準におかれることを私は退けなければならない。それは愛己主義の意味を根本的に破壊しようとする恐るべき傾向であるからである。

（出典 『惜みなく愛は奪う』有島武郎）

上の文章の主旨に最も合致する選択肢はどれか。

1　生物界においては、利己主義は利他主義よりもはるかに強力である。
2　人間の中には、もっと深く自分を愛したいという欲求がある。
3　人間は様々な欲求に支配されて、絶え間なく駆り立てられている。
4　利己主義と愛己主義とは、結局同じものである。
5　スペンサーの生物学の理論は、科学的に厳密とは言えない。

解答・解説

1 正解　2

「逆接の接続語」の後に注目する

①課題文の6〜7行目に「しかし」があるので、この後の記述に注目する。

②「しかし」の少し後に「もっと深くもっとよく己れを愛したい欲求が十二分に潜んでいることに気づくのだ」という記述がある。この記述に最も近い内容の選択肢を探せばよい。

③「2」の記述内容が最も近いのがわかる。

（参考）

①「内容把握問題」では、結論部の次に重要度の高い記述に関連した内容の選択肢が正解になっていることが多い。そうした記述は「だが」「しかし」「けれども」などの「逆接の接続語」や「それゆえ」「したがって」などのような「総括の接続語」の後に記されていることが多い。

②「内容把握問題」では、必ずしも「結論」部分の記述に近い内容の選択肢ばかりが正解ということはないが、ある程度は「要旨、主旨問題」と同様に、「結論」部分との関連で正解を判別できる問題もある。もしも、課題文を見て「総括」「逆接」の接続語が見当たらないようだったら、設問の形式上は「内容把握問題」でも、実質的には「要旨把握問題」である可能性が高いので、文末の結論部を見て選択肢を確認してみよう。

（解答の手順）

①「総括」「逆接」の接続語あり→接続語の後の記述に注目。

②「総括」「逆接」の接続語なし→文末の結論部の記述に注目。

03 空欄補充

例題

次の空欄に最も適切な語を補った選択肢はどれか。

　如何なるものも、ある視角から憎むべきものならば、他の視角から必ず［　ア　］すべきものであることに私達は気づくだろう。ここに一つの器がある。もしも私がその器を愛さなかったならば、私に取ってそれは無いに等しい。しかし私がそれを憎み始めたならば、もうその器は私と厳密に交渉をもって来る。［　イ　］へはもう一歩に過ぎない。私はその用途を私が考えていたよりは他の方面に用いることによって、その器を私に役立てることができるだろう。その時には私の［　ウ　］は、もう［　エ　］に変わってしまうだろう。もし憎しみの故にその器を取って直ちに粉砕してしまう人があったとすれば、その人は愛することに於いてもまた同様に浅くしか愛せない人だ。［　オ　］の強い人とは執着の強い人だ。憎しみの場合に於いても、かかる人の憎しみは深刻な苦痛によって裏づけられる。従って容易にその憎しみの対象を捨ててはしまわない。そしてその執着の間に、ふとしたきっかけにそれを［　カ　］の対象に代えてしまうだろう。

（出典『惜みなく愛は奪う』有島武郎）

	ア	イ	ウ	エ	オ	カ
1	愛	憎しみ	憎しみ	愛	憎しみ	愛
2	愛	憎しみ	愛	憎しみ	愛	愛
3	愛	愛	憎しみ	愛	愛	愛
4	憎しみ	愛	愛	憎しみ	憎しみ	愛
5	憎しみ	愛	憎しみ	愛	愛	憎しみ

解法 選択肢をグループ分けしながら考える

1. 「愛」で始まるグループ（1・2・3）と「憎しみ」で始まるグループ（4・5）のどちらに正解があるかを判別する
2. 裏技的には多数派のグループに正解がある場合が多い

解答・解説

 空欄の前後の記述に注目する

① 空欄補充では、空欄の直前直後のつながりが自然かどうかで判別するのが基本。

② ［ ア ］の直前に「ある視角から憎むべきものならば」とあるので、「他の視角から」見るならば、反対に「愛すべきもの」になる、とするのが自然である。
→したがって、［ ア ］には「愛」が入る。
→それゆえ、正解は「1・2・3」のいずれかだとわかる。

③ ［ イ ］の直前に「器を愛さなかったならば……無いに等しい」が、「それを憎み始めたならば、……厳密に交渉をもって来る」と記されている。
→「無関心」に比べれば密な「交渉」があるというのは「愛」に近いと判断できる。
→「1・2」は［ イ ］は「憎しみ」で、「3」だけが「愛」なので、「3」が正解だと判断できる。

(参考)
複数箇所の空欄補充問題では、簡単に判断がつきそうな空欄を探すのがカギ。

正解 3

練習問題

1 次の文中の空欄に補う最も適切な語はどれか。

　言うまでもなく、法学教育の目的は広い意味における法律家の養成にある。必ずしも裁判官や弁護士のような専門的法律家のみの養成を目的としてはいないが、[　　　]の法律家、即ち「法律的に物事を考える力」のある人間を作ることを目的としているのである。ただ講義を聴いていると、いかにもただ法典の説明をしているように思われる。

　　1　狭義
　　2　専門
　　3　アマチュア
　　4　広義
　　5　学生

2 次の文中の空欄に補う最も適切な語はどれか。

　しからば「法律的に物事を考える」とは、一体どういうことであるか。これを精確に初学者に説明するのは難しいが、要するに、物事を処理するに当たって、外観上の複雑な差別相に幻惑されることなしに、一定の規準を立てて[　　　]に事を考えることである。法学的素養のない人は、とかく情実にとらわれて、その場その場を丸く納めてゆきさえすればいいというような態度に陥りやすい。

　　1　感情的
　　2　個人的
　　3　抽象的
　　4　科学的
　　5　規則的

解答・解説

[1] 正解　4

空欄の直前の語句と最もよく似た語を探す

①空欄の直前を確認する。

②「法学教育の目的は広い意味における法律家の養成にある」という記述がある。

③「広い意味」と同じ意味の言葉である「広義」が最適だと判断できる。

[2] 正解　5

空欄の直前の語句と意味の近い語句を探す

①空欄の直前を確認する。

②「一定の規準を立てて」という記述がある。

③この記述に最も対応している語は「規則的」である。

04 文章整序

例題

次のア～カを ▭ 欄の文につながるように、最も適切に並べ替えると、どの順列になるか。

ア　この問いには返事ができなかった。5、6年前ならイキナリ反発したかもしれない。
イ　このごろは自分ながらその動揺に愛想がつきかかっている時であるだけに、父の言葉はひどくこたえた。
ウ　父は道を守ることに強い情熱を持った人である。
エ　昨夜父は言った。お前の今やっていることは道のためにどれだけ役に立つのか。頽廃した世道人心を救うのにどれだけ貢献することができるのか。
オ　しかし今は、父がこの問いを発する気持ちに対して頭を下げないではいられなかった。
カ　その不肖の子は絶えず生活をフラフラさせて、わき道ばかりにそれている。

> 実をいうと古美術の研究は自分にはわき道だと思われる。今度の旅行も、古美術の力を享受することで、自分の心を洗い、そして富まそう、というに過ぎない。

1　ウーエーアーオーカーイ
2　ウーカーエーアーイーオ
3　エーウーアーオーイーカ
4　エーアーオーウーカーイ
5　エーカーイーアーウーオ

解法 指示語と被指示語の対応に注目する

1. 「その不肖の子」の「その」が誰を指すのかを確認
2. 「この問い」が何を指すのかを確認
3. 「その動揺」の指す内容を確認

文章理解 04 文章整序

解答・解説

 父親の言葉に対する筆者の心の動きを読みとろう

①「その不肖の子」の「その」は、「道を守ることに強い情熱を持った人」である「父」を指す。「不肖の子」とは、「親に比べて出来が悪い子ども」のことを意味する慣用表現。
→これで、正解は「ウ－カ」の組合せを含むことがわかる。
→正解候補「2・4」。

②「この問いには返事ができなかった」の「この問い」とは、「昨夜父は言った」以下の「お前の今やっていることは……どれだけ貢献することができるのか」のところである。
→したがって、正解は「エ－ア」の組合せを含む。
→正解候補「1・2・4」。

③「このごろは自分ながらその動揺に」の「その動揺」とは、「絶えず生活をフラフラさせて、わき道ばかりにそれている」ことを指す。
→したがって、正解は「カ－イ」の組合せを含む。
→正解候補「1・4・5」。
⇒この3つの条件にすべて合致するのは「4」のみ。

正解 4

245

練習問題

1 次のア〜オを最もよく意味の通るように並べた文はどれか。
   ア　堂のなかに歩み入ると、まずそのガランとした陰鬱な空間の感じについて、ひどいほこりだという嘆声をついもらしたくなる。
   イ　戒壇院はそういうところである。
   ウ　私たちは、小さい花をつけた雑草の上に立って、大きい鍵の響きを聞いた。
   エ　そこには今までながめて来た自然とは異なり、ただ荒廃した人工が、塵に埋もれた人の心があるのみであった。
   オ　それがもう気分を緊張させる。
   1　アーエーオーイーウ　　　2　アーイーエーオーウ
   3　ウーオーイーアーエ　　　4　ウーアーイーオーエ
   5　ウーオーエーイーア

2 次のア〜オを最もよく意味の通るように並べた文はどれか。
   ア　根なし草のようにフラフラしている自分は、何とか考えなおさなくてはならない。
   イ　落ち着いて地道にコツコツとやり直しをするほかはない。
   ウ　自分の仕事をいよいよ大ぴらに始めるまで、根を深くおろして行くことにのみ気をくばっているT君の落ち着いた心持ちがうらやましかった。
   エ　ゲエテのように天分の豊かな人でさえ、イタリアの旅へ出た時に、自分がある一つの仕事に必要なだけ十分の時間をかけなかったことを、またその仕事に必要な技術を十分に稽古しなかったことを、悔い嘆いている。
   オ　話のついでにT君と話した。
   1　アーイーオーエーウ　　　2　アーオーウーイーエ
   3　オーアーイーウーエ　　　4　オーウーイーエーア
   5　オーウーアーエーイ

246

解答・解説

文章理解
04 文章整序

① 正解　3

短文の時間的なつながりの順番に注目する

①「堂のなかに歩み入る」ためには、最初に「鍵を使って扉を開ける」必要がある。

→したがって、ウの後にアが来なくてはならない。

→正解候補は「3・4・5」。

②「それがもう気分を緊張させる」の「もう」は、「早くも」という意味である。

→したがって「堂のなかに歩み入った」後ではなくて、「堂のなかに歩み入る」前、つまり「堂の扉の鍵を開ける音を聞いている」時のことだとわかる。

→正解候補は「3・5」に絞られる。

③「3」は、「ほこり」という語を含む一文と「塵」という語を含む一文が、前後につながるが、「5」はつながらない。したがって正解は「3」に絞れる。

（参考）

整序問題は、上記の「ほこり」と「塵」のように、同じ意味の言葉（相似語句）の連続にも着目しよう。

② 正解　5

短文の時間的なつながりの順番に注目する

①「T君」が出てくるウとオは、どちらが先かは決められないが、前後につながると判断。正解候補は「2・4・5」。

②「T君と話した」後で、T君の会話の内容や感想が記される方が自然。正解候補は「4・5」。

③「何とか考えなおさなくてはならない」という記述よりも、「地道にコツコツとやり直しをする」という記述の方が、内容が具体的で明確。文章全体の締め括りはよりはっきりした内容が適切。正解は「5」。

247

例題

次の文章の内容に最もよく合致する選択肢はどれか。

Jack Ramsdale was a bad boy. He had been a bad boy so long that secretly he was rather tired of it; but he really did not know how to help himself. It was his reputation, and it is a curious thing how naturally we all live up to our reputations; that is to say, we do things which are things which are expected of us. There is a deal of homely sense in the old proverb, "Give a dog a bad name and hang him. "Give a boy a bad name, and he is reasonably sure to deserve one. Not but that Jack Ramsdale had fairly earned his bad name. His mother had died before he was old enough to remember her, so he had never known what a home was. Once, when his father was unusually good-natured, he had asked him some questions about his mother.

1 ジャック・ラムズデールは、長いあいだ、秘密を守り続けることに疲れていた。
2 私たちは、自分が期待することを実現しようとして生きる。
3 犬に悪い名前をつけると、聞き分けのよい犬に育つ。
4 母は幼い頃に亡くなったので、ジャック・ラムズデールは彼女のことを覚えていない。
5 ジャック・ラムズデールの父親は珍しいほど性格がよい男だった。

解法 英文全体の主題に関連した選択肢に注目する

1. 本文はジャック・ラムズデールという少年の話である
2. こういう場合は、正解は、ジャック・ラムズデールに関して述べられている選択肢のなかに正解がある

解答・解説

ヒント ジャック・ラムズデール少年に関する選択肢に注目する

① ジャック・ラムズデールに関して記している選択肢を選ぶ。
→「1・4・5」
② be tired of ～は、「疲れている」ではなく「うんざりしている」。「1」は×。
③ when his father was unusually good-naturedは、「彼の父親が珍しく機嫌の良かった時に」という意味。つまり、普段は不機嫌な父親だった。「5」は×。
→ したがって、正解は1つだけ残った「4」。

(抄訳)
　ジャック・ラムズデールは、悪童だった。私たちは誰もが、自分の評判にしたがって生きている。「一度悪い評判が立ったら、二度と悪い評判が消えることはない」ということわざがある。少年に悪評が立てばその少年はその悪評通りの人間になってしまうのだ。ジャックの母親は彼が親のことを覚えていられる年齢になる前に亡くなったので、母のいた時のわが家の様子のことはまったく知らなかった。ある日、彼の父親が珍しく機嫌のよかった時に、母親のことをいくつか父親に聞いてみたことがあった。

正解 4

練習問題

[1] 次の文章の内容に最もよく合致する選択肢はどれか。

The American then have not required to extract their philosophical method from books; they have found it in themselves. The same thing may be remarked in what has taken place in Europe. This same method has only been established and make popular in Europe in proportion as the condition of society has become more equal, and men have grown more like each other. Let us consider for a moment the connection of the periods in which this change may be traced. In the sixteen century the Reformers subjected some of the dogmas of the ancient faith to the scrutiny of private judgment; but they still withheld from it the judgment of all the rest.

1 アメリカ人はその当時、哲学的な方法を記した書物を大量に燃やしてしまった。

2 アメリカ人は、哲学的な方法を自分自身で見つけ出した。

3 ヨーロッパでは、哲学の方法は書物を通して学ぶ人が多かった。

4 16世紀の宗教改革者たちは、カトリック教会の教義を古くさいものだと批判した。

5 宗教改革者たちは、個人によって判断が多様に異なっている。

解答・解説

1 正解　2

「アメリカ人と哲学」「宗教改革」がキーワード

①英文の内容把握の正解は、冒頭で記されている「本文全体の主題」に関連した選択肢であることが多い。この文章でも冒頭の2行分だけで「アメリカ人と哲学」という主題が分かる。「アメリカ人と哲学」に関連した選択肢が2つ、「宗教改革者」に関連した選択肢が2つ。「ヨーロッパと哲学」に関連した選択肢は1つだけ。

→正解候補は「アメリカ哲学」関連の「1・2」と「宗教改革者」関連の「4・5」。

→「3」は除外。

②課題文の冒頭から、この文章の主題は「アメリカ人と哲学」だとわかる。正解候補は「1・2」。

③課題文2行目の「theyがアメリカ人」3行目の「itが哲学」を指すと気がつけば解答は容易。正解は「2」。

（参考）

英文理解の正解は、実質上は課題文中の一部分の直訳であることが多い。また、その英文も簡単でわかりやすいのが普通である。

（全訳）

その当時アメリカの人々には、書物から哲学の体系を導き出そうという欲求はなかった。というのも、彼らは自分たちの手でそれを見つけ出したからである。同じことが、ヨーロッパで起きたことにも当てはまるかもしれない。（書物によらず、自分自身で哲学の体系を見出すという）やり方がいったん確立すると、社会の状況がさらに平等なものになり、人々がお互いに一層同様な存在になるにつれて、こうしたやり方がヨーロッパで一般的なものになっていった。ここで少しだけ、今記したような変化に先立つ時代との関連性について検討してみよう。16世紀の宗教改革者たちは、古くから伝わる信仰上の教義のいくつかを、私的な判断の吟味対象とした。しかし、彼らはそれ以外の教義については、判断を保留したままにしたのである。

06 古文

例題

次の文章の内容に最も合致する選択肢はどれか。

また養和のころかとよ、久しくなりてたしかにも覚えず、二年が間、世の中飢渇して、あさましきこと侍りき。或は春夏日でり、或は秋冬大風、大水などよからぬ事どもうち続きて、五穀ことごとくみのらず。むなしく春耕し、夏植うるいとなみありて、秋かり冬収むるぞめきはなし。これによりて、国々の民、或は地を捨てて堺を出で、或は家を忘れて山にすむ。さまざまの御祈り始まりて、なべてならぬ法ども行はるれども、さらにそのしるしなし。京のならひ、何わざにつけても、みな、もとは田舎をこそ頼めるに、絶えて上るものなければ、さのみやは操もつくりあへん。念じわびつつ、さまざまの宝もの、かたはしより捨つるがごとくすれども、さらに目みたつる人もなし。たまたま易ふるものは、金を軽ろくし、粟を重くす。乞食道の辺におほく、うれへ悲しむ声耳に満てり。

（出典『方丈記』鴨長明）

1 養和の頃だったと思うが、二年もの間、ひどい戦乱が起きた。

2 ある年は春と夏に大風や洪水が、ある年には秋と冬に日照りが起きた。

3 養和の頃に起きた飢饉のために、家を捨てて山に住む者もいた。

4 特別の祈願が修されたおかげで、ようやく飢饉は治まった。

5 養和の頃の飢饉の際には、通りで亡くなった家族を嘆く人々の姿が見られた。

文章全体の主題に注目する

古文でも課題文の主題に関する記述の選択肢のなかに正解がある場合が多い

文章理解 06 古文

解答・解説

 「養和の頃の飢饉」に関する文章であることに注意

①課題文の冒頭から、本文の主題は「養和の頃」の話であるとわかる。正解候補は「1・3・5」。
②冒頭を読み進めると「世の中飢渇して（世の中で飢饉が起きて）」とあるので、養和の頃に起きたのは「戦乱」ではない。「1」は不正解。
③文末に「乞食道の辺におほく（多く）」とある。「亡くなった家族」を意味する言葉は見られない。「5」は不正解。
→したがって正解は「3」。

（大意）
　また、養和の頃飢饉が起きて、穀物がまったく実らなかった。春に畑を耕し、夏に苗を植える作業をしても無駄になった。このため、諸国の人々は、あるものは住み慣れた土地を捨て、またあるものは、家を捨てて山に住むようになった。（飢饉を鎮めるための）さまざまな祈祷や特別の修法もまったく効果がなかった。（飢饉で地方から京に）運ばれてくる食べ物がなくなってしまったので、さまざまな財物を片っ端から売り捨てて食べ物と交換しようとするのだが、（腹の足しにもならない宝物に）目をくれる人はいなかった。たまに交換してくれるものがいても、金の値段を軽く、粟の値段を重くした。乞食が道に大勢いて、あちらこちらから嘆き悲しむ声が耳に入ってきた。

正解 3

練習問題

1 次の文章の内容と最もよく合致する選択肢はどれか。

あづま路の果てよりも、なほ奥つ方に生ひ出でたる人、いかばかりかはあやしかりけむをいかに思ひ始めけることにか、世の中に物語といふもののあんなるを、いかで見ばやと思ひつつ、つれづれなる昼間、宵居などに、姉、継母などやうの人々の、その物語、かの物語、光源氏のあるやうなど、ところどころ語るを聞くに、いとどゆかしさまされど、わが思ふままに、そらにいかでかおぼえ語らむ。いみじく心もとなきままに、等身に薬師仏を造りて、手洗いなどして、人まにみそかに入りつつ、「京にとく上げ給ひて、物語の多く候ふなる、ある限り、見せ給へ」と身を捨てて額をつき、祈り申すほどに、十三になる年、登らむとて、九月三日、門出して、いまたちといふ所に移る。

（出典『更級日記』菅原孝標女）

1 東国に行く道の果てよりも、さらに奥の方に生まれ育った人間は、怪しくて信じることがどうしてもできなかった。

2 世間には物語というものがあるらしいと聞いて、どうにかして読みたいと思った。

3 何もすることがなくて退屈な昼間や夜起きている時には、姉やまま母などが出てくる物語を読んだ。

4 等身大の薬師如来仏の像を作ってもらって、大晦日の夜に「京に早く上らせてください」とお祈りをした。

5 薬師如来仏にお祈りを始めてから13年後、ようやく京に上れる日が来た。

解答・解説

1 正解　2

「物語」という言葉が解読のキーワード

①課題文を見て、頻出の言葉に注目。それはその文章の中心的な話題なので、その話題に関連した記述内容の選択肢が正解候補。

→古文の正解を判別するキーセンテンスは、文の冒頭か文末にあることが多い。この練習問題は、「文頭」タイプ。

→本文中に「物語」という語が4回登場する。したがって「物語」が本文のキーワードと判断できる。

②「物語」について述べている選択肢を選ぶ。

→正解候補は「2・3」。

③「姉、継母などやうの人々の、その物語、かの物語、光源氏のあるやうなど、ところどころ語るを聞くに」とは、「姉や継母などといった人たちが、その物語、あの物語、(『源氏物語』の主人公である)光源氏の有り様などを、ところどころ話してくれるのを聞いていると」という意味で、「姉や継母が出てくる物語」ではない。

→「3」は不正解。

（全訳）

　京から東国への道のさらに奥の方に生まれ育った私は、どれほど見苦しかっただろうに、どういう訳か、世の中に物語というものがあると知って、なんとか読んでみたいと思い、退屈な昼間や、夜に起きているときなどに、姉や継母などが、その物語、あの物語、(『源氏物語』の主人公である)光源氏の様子などを、所々話してくれるのを聞くと、いっそう物語を知りたくなってしまうが、思うように物語の内容を暗記して語ってくれることがあろうか。とてもじれったく、自分と同じ背丈の薬師仏の像をつくって、手を洗い清め、人の見ていないうちに(仏像の)部屋に入って、「京に早く上らせてください。そして、たくさんある物語をあるだけすべて見せてください」と身を投げ出して、額をつけてお祈りをしましたところ、13歳の年に、京に上ることになり、9月3日に門出をして、いまたちというところに移った。

編著者

公務員試験予備校EYE　　こうむいんしけんよびこうあい

「受講生第一主義」を掲げる公務員試験特化型スクール。1994年から公務員試験受験者への指導を行い、都庁、県庁、特別区、国家一般職などで毎年多くの合格者を輩出する。アットホームで居心地の良い環境で楽しく勉強できるほか、一人ひとりに担任がつき、毎月個別指導を実施するなど、万全のサポート体制を整えている。

受講生第一主義　　URL:http://globaleye.co.jp/koumuin/

＠EYE

公務員予備校

東京本校　〒101-0064　東京都千代田区神田猿楽町2-7-6　TK猿楽町ビル
　　　　　電話：03-5282-3171
池袋本校　〒171-0022　東京都豊島区南池袋2-32-13　タクトビル5階（受付）
　　　　　電話：03-5992-8535
渋谷本校　〒150-0002　東京都渋谷区渋谷2-10-15　JPLビル3階（受付）
　　　　　電話：03-5962-7056

イッキに攻略！
判断推理・数的推理【一問一答】

編著者　公務員試験予備校EYE
発行者　高橋秀雄
発行所　**株式会社 高橋書店**
　　　　〒170-6014
　　　　東京都豊島区東池袋3-1-1 サンシャイン60 14階
　　　　電話　03-5957-7103

©TAKAHASHI SHOTEN　　Printed in Japan

定価はカバーに表示してあります。
本書および本書の付属物の内容を許可なく転載することを禁じます。また、本書および付属物の無断複写（コピー、スキャン、デジタル化等）、複製物の譲渡および配信は著作権法上での例外を除き禁止されています。

本書の内容についてのご質問は「書名、質問事項（ページ、内容）、お客様のご連絡先」を明記のうえ、郵送、FAX、ホームページお問い合わせフォームから小社へお送りください。
回答にはお時間をいただく場合がございます。また、電話によるお問い合わせ、本書の内容を超えたご質問にはお答えできませんので、ご了承ください。
本書に関する正誤等の情報は、小社ホームページもご参照ください。

【内容についての問い合わせ先】
　書　面　〒170-6014　東京都豊島区東池袋3-1-1
　　　　　　　　　　　サンシャイン60 14階　高橋書店編集部
　ＦＡＸ　03-5957-7079
　メール　小社ホームページお問い合わせフォームから
　　　　　（https://www.takahashishoten.co.jp/）

【不良品についての問い合わせ先】
　ページの順序間違い・抜けなど物理的欠陥がございましたら、電話03-5957-7076へお問い合わせください。ただし、古書店等で購入・入手された商品の交換には一切応じられません。